모든 의를
이루신
예수 그리스도
I

마태복음 강해 설교집

김 사무엘

목 차

머리말

1. 만왕의 왕으로 오신 성자(聖子) 예수 그리스도
   마 1:1-17 · 6

2. 구원자 예수 그리스도의 탄생
   마 1:18-25 · 22

3. 만왕의 왕께 경배하라
   마 2:1-12 · 36

4. 언약을 성취하시는 하나님
   마 2:13-23 · 50

5. 하나님께서 보내신 종, 세례 요한
   마 3:1-12 · 60

6. 받으신 세례로 모든 의를 이루신 주님
   마 3:13-17 · 74

7. 영적 전쟁에서 승리하라
   마 4:1-11 · 90

8. 복 있는 사람
   마 5:1-16 · 104

9. 율법 앞에 정직하게 서 보아라
   마 5:17-32 · 120

10. 하나님의 말씀을 믿음으로 온전하라
　　　　　　　　　　　　　마 5:33-48　　• 134

11. 은밀한 중에 보시는 하나님
　　　　　　　　　　　　　마 6:1-18　　• 146

12. 먼저 그의 나라와 그의 의를 구하라
　　　　　　　　　　　　　마 6:19-34　　• 162

13. 비판하지 말라
　　　　　　　　　　　　　마 7:1-6　　• 176

14. 하나님의 뜻이라면 담대히 기도하라
　　　　　　　　　　　　　마 7:7-12　　• 186

15. 영생을 얻고 지키기를 힘쓰라
　　　　　　　　　　　　　마 7:13-23　　• 198

16. "불법을 행하는 자"란 누구인가?
　　　　　　　　　　　　　마 7:21-29　　• 214

머 리 말

"아브라함과 다윗의 자손 예수 그리스도의 세계(世系)라"(마 1:1)고 시작하는 마태복음은 만왕(萬王)의 왕이신 예수님을 우리에게 소개합니다. 예수님은 구약 성경의 모든 약속들을 성취하러 오신 하나님의 아들입니다.

구원의 말씀인 성경 전체의 주인공은 예수 그리스도입니다. 그런데 구세주(救世主)로 오신 예수님의 구원사역에 있어서 중대한 역할을 수행한 한 인물이 있습니다. 그는 구약의 마지막 책인 말라기(Malachi)서와 신약의 첫 책인 마태복음을 연결해 주는 인물입니다. 그가 바로 어린양으로 오신 예수님께 세례를 베풀어서 세상의 모든 죄를 단번에 넘겼던 세례 요한입니다. "보라 여호와의 크고 두려운 날이 이르기 전에 내가 선지 엘리야를 너희에게 보내리니 그가 아비의 마음을 자녀에게로 돌이키게 하고 자녀들의 마음을 그들의 아비에게로 돌이키게 하리라"(말 4:5-6)고 말씀하셨고, 예수님은 "여자가 낳은 자 중에 세례 요한보다 큰이가 일어남이 없도다"라고 하시며 "만일 너희가 즐겨 받을찐대 오리라 한 엘리야가 곧 이 사람(세례 요한)이니라"(마 11:14)고 말씀하셨습니다.

인류의 대표자인 세례 요한은 예수님의 머리에 안수(按手)의 형식으로 세례를 베풀었습니다. 안수는 희생제물에게 죄를 넘기는 하나님의 법(레 16:21)입니다. 예수님께서 세례를 받으실 때에, 예수님은 머뭇거리던 세례 요한에게 "이제 허락하라 우리가 이와 같이 하여 모든 의를 이루는 것이 합당하니라"(마 3:15)고 준엄하게 명령하셨습니다. 그 세례로 이 세상의 모든 죄는 예수님에게 다 넘어갔고 이 세상에는 "모든 의"(πασαν δικσιοσυνην, all righteousness)가 이루어졌습니다. 하나님의 의는 예수님께서 받으신 세례와 십자가의 피로 완성되었습니다. 그러므로 예수님께서 받으신 세례를 배제한다면 십자가의 피는 아무 의미가 없습니다. 그래서 초대교회의 사도들은 복음을 전할 때에 예수님께서 받으신 "그 세례"(the Baptism, 행 10:37)를 반드시 반포했습니다. 사도 요한은 예수님을 가리켜 "물과 피로 임하신 자"(요일 5:6)라고 선포했습니다. 그는 또한 "(진리를) 증거하는 이가 셋이니 **성령과 물과 피라 또한 이 셋이 합하여 하나**"(요일 5:8)라고 선포함으로써, 진리의 원형복음(原形福音)은 예수님께서 받으신 세례와 십자가의 피를 반드시 포함해야 한다고 밝혔습니다.

마태복음은 우리에게 원형(原形)의 복음을 선포합니다. 그러나 안타깝게도 지금의 기독교는 복음의 원형을 잃어버렸습니다. 그래서 기독교인들은 여전히 죄인으로 남아 있어서 "**눈물과 울음과 탄식으로 여호와의 단을 가리우게**"(말 2:13) 하고 있습니다. 저는 독자 여러분들이 이 책을 통해서 "**물과 피로 임하신**" 예수 그리스도를 만나서 "**죄 사함으로 말미암는 구원**"(눅 1:77)을 얻고 기쁨으로 신앙생활을 하다가 천국의 영생에 다 들어가게 되기를 간절히 바랍니다. 아멘.

2017년 10월 의제당 서재에서
김 사무엘 목사

만왕의 왕으로 오신 성자(聖子) 예수 그리스도

"아브라함과 다윗의 자손 예수 그리스도의 세계라

아브라함이 이삭을 낳고 이삭은 야곱을 낳고 야곱은 유다와 그의 형제를 낳고

유다는 다말에게서 베레스와 세라를 낳고 베레스는 헤스론을 낳고 헤스론은 람을 낳고

람은 아미나답을 낳고 아미나답은 나손을 낳고 나손은 살몬을 낳고

살몬은 라합에게서 보아스를 낳고 보아스는 룻에게서 오벳을 낳고 오벳은 이새를 낳고

이새는 다윗왕을 낳으니라 다윗은 우리야의 아내에게서 솔로몬을 낳고

솔로몬은 르호보암을 낳고 르호보암은 아비야를 낳고 아비야는 아사를 낳고

아사는 여호사밧을 낳고 여호사밧은 요람을 낳고 요람은 웃시야를 낳고

웃시야는 요담을 낳고 요담은 아하스를 낳고 아하스는 히스기야를 낳고

히스기야는 므낫세를 낳고 므낫세는 아몬을 낳고 아몬은 요시야를 낳고

바벨론으로 이거할 때에 요시야는 여고냐와 그의 형제를 낳으니라

바벨론으로 이거한 후에 여고냐는 스알디엘을 낳고 스알디엘은 스룹바벨을 낳고

스룹바벨은 아비훗을 낳고 아비훗은 엘리아김을 낳고 엘리아김은 아소르를 낳고

아소르는 사독을 낳고 사독은 아킴을 낳고 아킴은 엘리웃을 낳고

엘리웃은 엘르아살을 낳고 엘르아살은 맛단을 낳고 맛단은 야곱을 낳고

야곱은 마리아의 남편 요셉을 낳았으니 마리아에게서 그리스도라 칭하는 예수가 나시니라

그런즉 모든 대 수가 아브라함부터 다윗까지 열 네 대요 다윗부터 바벨론으로 이거할 때까지 열 네 대요 바벨론으로 이거한 후부터 그리스도까지 열 네 대러라"(마 1:1-17).

4권의 복음서 중에서도 마태복음은 신약성경의 첫 번째 책입니다. 구약성경의 마지막 책인 말라기(Malachi)서(書)와 신약성경의 첫 책인 마태복음의 말씀은 서로 이가 딱 맞습니다. 성막을 처음 덮는 앙장(仰帳)은 **"가늘게 꼰 베실과 청색 자색 홍색실로 그룹을 공교히 수놓아"**(출 26:1) 만든 열 폭의 앙장으로 되어 있는데, 그 앙장들을 다섯 폭씩 결합해서 크게 두 폭으로 만들고 이것들이 다시 하나로 결합될 수 있도록 각각에 오십 개의 고리(loops)가 달려 있었습니다. 양편의 앙장들에 달린 고리들은 50개의 금 갈고리 (fifty clasps of gold)로 연결되어서 전체가 하나의 앙장이 되어서 성막을 덮었습니다. 이와 같이 구약성경의 말라기서와 신약성경의 마태복음은 마치 두 앙장이 결합되어서 하나가 되듯이 그 말씀이

정확하게 연결됩니다.

　하나님께서는 말라기서를 통해서 장차 구원의 주님을 보내실 것이며, 그 구원자의 앞에 그의 길을 예비할 당신의 종 엘리야를 보내시겠다(말 4:5)고 약속하셨습니다. 마태복음은 엘리야의 심령으로 등장한 세례 요한이 예수님의 길을 예비하는 내용으로 시작됩니다. 말라기서와 마태복음은 구약과 신약을 연결하는 50개의 고리들이며, 예수님은 50개의 금 갈고리입니다. 그래서 성경의 주인공이신 예수님으로 말미암아 구약과 신약의 성경 전체가 한 권의 성경을 이루게 되었습니다.

만왕의 왕(King of kings)으로 오신 예수님

　마태복음의 기록자는 세리(tax collector)였던 마태(Matthew)입니다. 그는 **"알패오의 아들 레위"**(막 2:14)라는 별명으로도 불렸습니다. 그 당시에 세리들은 백성들에게 지탄의 대상이었습니다. 우리나라로 비교하자면, 일제시대 때 친일파들이 동족(同族)을 수탈해서 일본 놈들에게 돈을 바치고 자기들도 부자로 살았던 것과 같습니다. 그런데 예수님께서 마태가 세관에 앉아 있는 것을 보시고 그를 부르셨습니다. 예수님은 아무나 제자로 부르시는 분이 아닙니다. 예수님은 하나님이시기 때문에 사람을 외모로 보지 아니하시고 중심을 살피십니다. 세리 마태는 비록 부유하게 살았지만, 하나님을 경외하고 영생을 사모하는 마음이 있었습니다. 그래서 예수님께서 마태를 부르시자, 그는 모든 것을 팽개치고 예수님을 좇았습니다. 그리고는 예수님과 제자들을 자기 집에 초대해서 큰 잔치를 벌였습니다. 그 잔치 자리에 다른 세리와 죄인들이 함께했습니다.

마태복음은 "예수님은 왕이시다"라고 선포합니다. 예수님은 만왕(萬旺)의 왕이고 온 우주의 왕입니다. 마태복음은 예수님의 족보를 **"아브라함과 다윗의 자손 예수 그리스도의 세계라"**(마 1:1)고 소개합니다. 우리가 흔히 자기 집안을 자랑할 때에, "우리 집안은 뼈대 있는 가문이다"라고 표현합니다. 아브라함과 다윗은 이스라엘 민족이 가장 존경하는 인물들입니다. 아브라함은 그들의 조상이며 다윗은 하나님께서 세우신 왕입니다. 아브라함과 다윗에게 하나님께서는 구원의 약속을 주셨습니다. 그 약속을 성취하시려 왕으로 오신 분이 예수 그리스도입니다. 그래서 우리는 마태복음을 "왕의 복음"이라고 부를 수 있습니다. 마태복음은 만왕(萬王)의 왕이신 예수님의 권세 있는 가르침과 영광으로 충만합니다.

오늘의 본문 말씀은 왕으로 오신 예수님의 족보입니다. **"아브라함과 다윗의 자손 예수 그리스도의 세계라"**(마 1:1). "세계"(世系)라는 말은 세상(world)이 아니라 족보(genealogy)라는 뜻입니다. 육신적으로 보면 예수님은 아브라함과 다윗의 후손입니다. 하나님께서는 아브라함과 언약을 맺으셨고 다윗과도 언약을 맺으셨는데, 예수님은 그 약속들을 성취하러 오신 성자(聖子) 하나님입니다.

아브라함과 맺은 언약

하나님께서 아브라함이나 다윗과 맺으셨던 언약은 구약성경의 핵심입니다. 롯이 아브라함을 떠난 후에, 하나님께서는 아브라함에게, "너는 눈을 들어 너 있는 곳에서 동서남북을 바라보라 보이는 땅을 내가 너와 네 자손에게 주리니 영원히 이르리라 내가 네 자손으로 땅의 티끌 같게 하리니 사람이 땅의 티끌을 능히 셀 수 있을찐대 네 자손도 세리라"(창 13:14-16)고 말씀하셨습니다. 하나님께서 아브라함에게 말씀하신 약속은 **기업(땅)과 자손**입니다. 롯이 큰아버지 아브라함과 목초지(牧草地)의 일로 다투다가 아브라함을 떠나갈 때에, 아브라함은 목초지의 선택권을 롯에게 먼저 주었습니다. 롯은 육신의 눈에 보기 좋은 평지를 택하여 소돔과 고모라 땅을 향해서 내려가자, 아브라함은 롯의 반대 방향인 산지로 올라갔습니다. 그곳은 육신의 눈으로 보면 척박한 산지인데 아브라함은 그 높은 곳에 섰습니다. 그때에 하나님께서 "**너는 눈을 들어 너 있는 곳에서 동서남북을 바라보라**"라고 말씀하시며 보이는 모든 땅을 아브라함에게 기업(基業)으로 주겠다고 약속하셨습니다. 또한 그때까지 아브라함에게는 자식이 없었습니다. 그런데 하나님께서는 늙은 아브라함에게 "내가 너에게 자식을 주겠고 네 자손이 땅의 티끌같이 번성할 것"이라고 약속하셨습니다. 어떻게 보면 하나님의 약속은 참으로 엄청나고 황당했습니다. 그러나 아브라함은 그 두 가지 약속의 말씀을 온전히 믿었습니다.

하나님께서 아브라함과 맺으신 두 가지 약속, 즉 기업(基業)과 자손은 궁극적으로 **천국과 예수 그리스도**를 계시합니다. 아브라함은 이 땅에서 살아가는 동안 항상 하늘 본향을 사모하며 나그네와 행인 같은 믿음의 삶을 살았습니다. "**믿음으로 아브라함은 부르심을 받았을 때에 순종하여 장래 기업으로 받을 땅에 나갈쌔 갈 바를 알지 못하고 나갔으며 믿음으로 저가 외방에 있는것 같이 약속하신 땅에 우거하여 동일한 약속을 유업으로 함께 받은 이삭과 야곱으로 더불어 장막에 거하였으니 이는 하나님의 경영하시고 지으실 터가 있는 성을 바랐음이니라**"(히 11:8-10). 하나님의 약속을 믿는 우리도 이 땅을 우리의 본향이라고 여기지 않습니다. 우리가 찾아가는 본향(기업)은 **영원한 천국**입니다.

또한 아브라함에게 약속하신 자손(씨)은 예수 그리스도를 가리킵니다. 사도 바울은 "이 약속들은 아브라함과 그 자손에게 말씀하신 것인데 여럿을 가리켜 그 자손들이라 하지 아니하시고 오직 하나를 가리켜 네 자손이라 하셨으니 곧 그리스도라"(갈 3:16)고 말씀했습니다. 하나님께서 아브라함에게 약속하실 때에 "자손들"(seeds)이라고 하지 않고 "자손"(Seed)이라고 단수(單數)로 말씀하셨습니다. 하나님께서는 아브라함의 믿음을 좇는 우리 모두에게 천국의 영생과 우리에게 천국 영생의 문을 열어 주실 예수 그리스도를 약속하셨습니다.

다윗과 맺은 하나님의 언약

"그러므로 이제 내 종 다윗에게 이처럼 말하라 만군의 여호와께서 이처럼 말씀하시기를 내가 너를 목장 곧 양을 따르는데서 취하여 내 백성 이스라엘의 주권자를 삼고 네가 어디를 가든지 내가 너와 함께 있어 네 모든 대적을 네 앞에서 멸하였은즉 세상에서 존귀한 자의 이름 같이 네 이름을 존귀케 만들어 주리라 내가 또 내 백성 이스라엘을 위하여 한 곳을 정하여 저희를 심고 저희로 자기 곳에 거하여 다시 옮기지 않게 하며 악한 유로 전과 같이 저희를 해하지 못하게 하여 전에 내가 사사를 명하여 내 백성 이스라엘을 다스리던 때와 같지 않게 하고 너를 모든 대적에게서 벗어나 평안케 하리라 여호와가 또 네게 이르노니 여호와가 너를 위하여 집을 이루고 네 수한이 차서 네 조상들과 함께 잘 때에 내가 네 몸에서 날 자식을 네 뒤에 세워 그 나라를 견고케 하리라 저는 내 이름을 위하여 집을 건축할 것이요 나는 그 나라 위를 영원히 견고케 하리라 나는 그 아비가 되고 그는 내 아들이 되리니 저가 만일 죄를 범하면 내가 사람 막대기와 인생 채찍으로 징계하려니와 내가 네 앞에서 폐한 사울에게서 내 은총을 빼앗은 것같이 그에게서는 빼앗지 아니하리라 네 집과 네 나라가 내 앞에서 영원히 보전되고 네 위가 영원히 견고하리라 하셨다 하라"(삼하 7:8-16).

하나님께서 선지자 나단을 통해서 다윗에게 **"내가 네 몸에서 날 자식을 네 뒤에 세워 그 나라를 견고케 하리라 저는 내 이름을 위하여 집을 건축할 것이요 나는 그 나라 위를 영원히 견고케 하리라"**라고 약속하셨는데, 이 말씀은 다윗의 후손 중에서 예수님이 태어나실 것과 예수님의 왕위는 영원하고 견고하겠다는 약속입니다. 그 약속의 말씀을 성취하러 오신 분이 성자(聖子) 하나님이며 온 우주의 왕인 예수 그리스도입니다. 예수님은 우주가 존재하기 전, 즉 영원부터 계셨던 하나님입니다.

바리새인들은 예수님이 하나님의 아들이라는 사실을 인정하지 않고 끊임없이 예수님께 도전했습니다. 한번은 그들이 "네가 아브라함보다 크냐?"라고 예수님께 시비를 걸었습니다. 예수님께서는 **"진실로 진실로 너희에게 이르노니 아브라함이 나기 전부터 내가 있느니라"(요 8:58)**고 말씀하셨습니다. 그들은 예수님의 말씀을 도저히 이해할 수 없어서 예수님을 돌로 쳐 죽이려고 했습니다. 그런데 주님의 말씀은 사실입니다. 예수님은 아브라함이 태어나기 전이 아니라, 이 지구나 우주가 생기기도 전에 하나님 아버지와 함께 계셨던 성자(聖子) 하나님입니다. 성자 하나님께서 하나님 아버지의 명을 좇아서 말씀으로 우주를 만드셨습니다. 성자 하나님께서 말씀으로 **"없는 것을 있는 것같이"(롬 4:17)** 부르시자, 호명(呼名)된 것들이 즉시로 존재하게 되었습니다. 허공을 향해서 주님께서 "있으라" 하시자 이 어마어마한 우주가 10^{-32}초 만에 생겨났습니다. 이 사실은 제가 지어낸 이야기가 아닙니다. 2014년 봄에 미국의 **하버드-스밋소니언 천체물리연구센터(CfA)**가 아주 놀라운 자료를 발표했습니다. 그들이 남극에 설치한 전파망원경을 통해서 우주 탄생의 핵심 증거가 되는 중력파를 탐지하는데 성공했는데, 그 중력파를 분석해 본 결과, 이 우주는 순식간에 생겨났다는 사실이 입증되었습니다. 여기서 "순식간"이라는 말은 10^{-32}초, 즉 1/100,000,000,000,000,000,000,000,000,000,000초 동안을 말합니다. 이런 일을 할 수 있는 분은 오직 하나님뿐입니다.

우주는 그렇게 놀라운 하나님의 능력으로 생겨났습니다. 우리가 살고 있는 지구는 또 얼마나 아름답고 신비합니까? 지구라는 행성(the planet Earth)은 우주의 모든 천체(天體) 가운데에서도 아주 특별한 천체입니다. 지구와 같이 바다와 강과 호수가 있고 사계절이 있으며 생명체들이 살고 있는 천체는 없습니다. 지구는 태양의 황도(黃道)를 기준으로 약 23.4도 기울어서 자전(自轉) 하는데, 이로 말미암아 지구에는 사계절이 있고 변화무쌍하게 순환하는 자연계가 있습니다. 저는 자연의 조화와 섭리를 보면서 하나님을 찬양합니다. 대자연의 아름다움과 놀라운 이치들을 보면서 하나님의 살아 계심을 깨닫지 못하는 사람들은 **"창세로부터 그의 보이지 아니하는 것들 곧 그의 영원하신 능력과 신성이 그 만드신 만물에 분명히 보여 알게 되나니 그러므로 저희가 핑계치 못할찌니라"**(롬 1:20)고 경고하신 말씀을 기억해야 합니다. 하나님이 아니고서는 아무도 이렇게 신묘막측한 세계를 만들 수 없기 때문입니다. 하나님께서는 당신 형상을 닮은 우리 인류를 만드셔서 특별하게 창조하신 푸른 별 지구에서 살게 하셨습니다. 그리고 피조물인 우리들이 죄에 빠졌다가 당신의 외아들 예수님을 통해서 죄 사함을 받고 하나님의 자녀라는 영광스러운 지위를 얻게 하셨습니다. 하나님께서는 당신의 자녀가 된 의인들이 천국의 영생을 누리게 하셨는데, 이것이 하나님의 섭리입니다. 그 아름다운 섭리를 성취하기 위해서 하나님의 외아들이신 예수님께서 인간의 육신을 입고 이 땅에 오셨습니다. 하나님은 우리 인류와 맺은 언약을 신실하게 성취하신 하나님입니다.

당신의 뜻대로 이루시는 하나님

"그런즉 모든 대 수가 아브라함부터 다윗까지 열 네 대요 다윗부터 바벨론으로 이거할 때까지 열 네 대요 바벨론으로 이거한 후부터 그리스도까지 열 네 대러라"(마 1:17). 하나님께서는 당신의 섭리대로 모든 일을 이루십니다. 하나님의 역사하심에는 어떤 착오나 변개(變改)하심도 없습니다.

아브라함에서 다윗까지는 믿음의 계보가 이어졌던 시대입니다. 다윗 왕 이후의 시대는 분열과 동족상잔의 시대였습니다. 다윗 왕이 밧세바에게서 얻은 아들 솔로몬이 왕위를 계승하면서 유다 왕국은 영적으로 타락했습니다. 솔로몬 왕은 주변의 왕의 딸들과 혼인 정책을 통해 평화를 유지하려고 했는데, 이방 공주들은 솔로몬에게 시집을 오면서 자기 민족의 우상(偶像)을 가지고 들어왔습니다. 그 결과 유다 왕국에는 우상숭배가 만연했습니다. 솔로몬 왕의 아들 르호보암이 왕위를 계승하자 솔로몬의 신하였던 여로보암이 열 지파를 이끌고 나가서 사마리아를 수도(首都)로 하고 북쪽에 이스라엘 왕국을 세웁니다. 그때부터 남북 왕조가 시작되어 두 나라가 계속 전쟁을 하다가 결국 쇠퇴해서 둘 다 멸망합니다. 북(北) 왕조 이스라엘은 앗시리아의 침공을 받아 기원전(BC) 722년에 먼저 멸망하고 남(南) 왕조 유다는 바빌로니아 제국에 의해 기원전 576년에 멸망합니다. 그때 유다 왕국도 완전히 멸망하고 백성들은 포로가 되어 바벨론으로 끌려갔습니다.

바벨론 제국의 포로로 끌려간 지 40여 년 만에 종살이를 하던 백성들의 일부가 돌아옵니다. 하나님께서 페르시아 왕 고레스(Kyrus king of Persia)의 마음을 감동시키셔서 이스라엘의 지도자들이 포로 된 백성들을 이끌고 귀환해서 하나님의 성전을 재건하게 했습니다. 그 후에 페르시아 왕 아닥사스다(Artaxerxes king of Persia)는 아론의 후손이요 학자 겸 제사장인 에스라(Ezra)에게 칙서를 내려 귀환을 원하는 그가 이스라엘 백성을 이끌고 고국으로 돌아가서 하나님의 율례로 다스리게 하였습니다. 또 아닥사스다 왕은 자기의 술 시중을 들던 관원 느헤미야(Nehemiah)의 간청을 따라 조서를 내렸습니다. 그에 따라 느헤미야는 남은 백성들을 이끌고 귀국하여 무너진 예루살렘 성을 재건하였습니다. 느헤미야가 예루살렘 총독으로 부임해서 성벽을 재건한 시기가 기원전(BC) 445~433년이었습니다. 느헤미야는 율법을 선포하며 피폐해진 백성들의 영성을 바로잡고자 노력했습니다.

그러나 이스라엘 민족의 영적인 밤은 깊어만 갔습니다. 말라기(Malachi) 선지자가 하나님의 말씀을 전한 이후로 400년간 하나님의 말씀을 전할 종들이 일어나지 않았습니다. 영적으로 깜깜했던 이 시기를 "신구약 중간 시대"라고 부릅니다. 포로로 잡혀갔던 백성들이 돌아와서 나라를 재건하려고 애를 썼지만 차례대로 그리스와 로마의 식민 지배를 받았습니다. 그런 비참한 시대가 열네 대째 이어졌습니다. 칠흑 같은 밤이면 새벽의 빛을 더욱더 사모하게 됩니다. 그리고 어두움이 깊을수록 별빛들은 더욱더 영롱한 법입니다. 오랜 흑암(黑巖)의 시대의 끝에 **"켜서 비취는 등불"**(요 5:35)로 세례 요한이 등장합니다. 이스라엘 백성들은 그 빛을 보고 기뻐하며 그 빛으로 모여들었습니다. 그러나 세례 요한은 **"이 빛이 아니요 이 빛에 대하여 증거하러 온 자"**(요 1:8)였습니다. 모든 사람을 흑암의 죄에서 구원하러 오신 생명의 참 빛은 예수님입니다. 아무 소망이 없던 오랜 어둠의 끝에 성자(聖子) 하나님께서 처녀 마리아의 몸에서 육신을 입고 자기 백성 가운데 구원자로 오셨습니다.

"그런즉 모든 대 수가 아브라함부터 다윗까지 열 네 대요 다윗부터 바벨론으로 이거할 때까지 열 네 대요 바벨론으로 이거한 후부터 그리스도까지 열 네 대러라"(마 1:17). 하나님은 반드시 당신의 섭리대로 역사를 운행하시며 당신의 약속을 이루시는 분입니다. 영어로 역사(歷史)라는 단어는 History입니다. 대문자로 His라는 말은 "하나님의" 또는 "예수님의"라는 뜻입니다. 따라서 인류의 역사(History)는 "그의 이야기, 즉 예수님께서 전개하시는 이야기"라고 볼 수 있습니다. 예수님께서는 **"나는 알파와 오메가요 처음과 나중이요 시작과 끝이라"**(계 22:13)고 말씀하셨습니다. "역사를 주관하는 이는 나다"라고 선포하신 말씀입니다. 하나님은 한 번 약속하시면 변개(變改)하지 않으시고 그 약속을 반드시 성취하시는 분입니다.

예수님의 족보에 이름을 올린 여인들

오늘의 본문 말씀에 기록된 예수님의 족보에는 다말, 라합, 룻, 우리야의 아내(밧세바), 그리고 마리아, 총 다섯 명의 여인들이 기록되어 있습니다. 구약성경에는 아브라함의 아내 사라, 이삭의 아내 리브가, 야곱의 아내 레아를 비롯해서 여사사(女士師) 드보라, 왕비 에스더 등등 믿음의 여인들이 많이 등장합니다. 그렇지만 예수님의 족보에 녹명(錄名)된 여인들은 오히려 좀 "거시기"한 분들입니다. 세상 사람들의 기준으로 하면 문제가 좀 있는 여인들이 예수님의 족보에 기록되어 있습니다.

다말은 유다의 며느리였는데 자기 시아버지와 동침해서 쌍둥이 아들들을 낳았습니다. 다말은 유다의 첫째 아들과 결혼했지만, 그가 하나님 앞에서 악하므로 일찍 죽었습니다. 시아버지 유다는 율법을 좇아 둘째 아들을 맏며느리에게로 들여보냈는데, 둘째는 자기가 형수에게서 자식을 낳아도 자기 자식이 되지 못하고 형의 자식이 되니까 그것이 싫어서 땅에다 설정(泄精)했습니다. 하나님께서는 그의 행위가 악하므로 그도 죽이셨습니다. 그렇게 두 아들을 잃은 유다는 "막내는 아직 어리니까 막내아들이 다 자라면 너를 다시 부르마" 하고 다말을 친정에 보냈습니다. 그런데 오랜 세월이 지나 그 막내가 다 컸는데도 시아버지가 자기를 부르지 않았습니다. 다말은 시아버지 유다가 자기 마을 근처에 양털 깎으러 온다는 소문을 듣고서 스스로 면박(綿薄)을 쓰고 창녀처럼 꾸미고 길거리에 앉아서 시아버지 유다를 유혹했습니다. 그렇게 둘이 합방을 해서 쌍둥이 형제를 낳았는데, 그중에 베레스가 하나님의 약속의 족보를 이어갔습니다. 우리는 자기 시아버지와 붙어먹은 아주 음란한 여자라고 다말을 비난할 수 있습니다만, 그녀는 아브라함과 다윗의 계통에서 왕을 내시겠다는 하나님의 약속을 믿은 사람입니다.

여리고 성의 이방 여인 라합은 창녀였습니다. 다말은 잠시 창녀인 척했지만 라합은 진짜 창녀였습니다. 그러나 라합은 창녀였을지라도 자기의 신분이나 비천한 처지를 돌보지 않고 하나님 백성이 되기를 간절히 원해서 하나님 백성을 도와주고 구원을 받았습니다. 룻은 모압 땅의 이방 여인이었지만, 믿음의 시어머니 나오미를 끝까지 따라가서 유다 백성이 되었습니다. 우리야의 아내 밧세바 또한 "거시기"한 여인입니다. 이 여자는 자기 남편이 전쟁터에 나가 있는 동안에 다윗 왕을 유혹해서 그와 동침하고 자식을 낳았습니다. 마지막으로 마리아는 벽촌에 사는 평범한 시골 처녀였습니다. 이런 부족하고 흠이 있고 무명(無名)한 자들이 하나님 앞에서 은혜를 입고 주님의 도구로 쓰임을 받았습니다.

하나님의 생명의 역사에 쓰임을 받는 자들 중에는 잘난 자들이나 유명한 자가 별로 없습니다. 부유한 자들이나 잘난 자들은 하나님을 찾지도 않고 영생에 목말라하지도 않습니다. 오늘날에도 세상의 재력가들이나 권력자들이 하나님을 찾습니까? 정치인들 중에 더러 교회에 출석하는 분들이 있습니다만, 그들 중에는 표 때문에 예수님을 믿는 척하는 이들이 많습니다. 진정으로 하나님을 찾는 자들은 부족하고 연약한 자들입니다. 자기의 부족과 연약함 때문에 죄가 다 드러난 자들이 하나님의 긍휼을 입고자 하나님을 찾아 나옵니다. 그렇게 심령이 가난한 사람들이 진리의 원형복음(原形福音)을 만나서 믿음으로 죄 사함을 받고 하나님의 일꾼이 됩니다. 라합은 창녀였는데 게다가 이방 여자였습니다. 라합은 아주 최악의 조건이었습니다만, 그녀의 믿음으로 말미암아 자기 가족이 다 구원을 받고 하나님의 백성이 되었습니다. 하나님은 자기의 죄가 다 드러난 자들, 세상에서 손가락질 받는 자들, 무명(無名)한 자들, 아무것도 내세울 것이 없는 자들에게 구원의 은혜를 입혀 주셔서 당신의 의(義)의 그릇이 되게 하십니다. "여자 팔자는 뒤웅박 팔자"라는 말이 있습니다. "뒤웅박"이라는 것은 무엇을 담을 수 있게 만든 바가지를 말합니다. 바가지에 똥을 담으면 똥바가지, 쌀을 담으면 쌀바가지가 되듯이, 담기는 것에 따라서 바가지의 쓰임새나 가치가 결정됩니다. 만약에 어떤 바가지에 보물을 담으면 그 바가지는 보물 바가지가 되는 것입니다. 우리는 다 영적으로는 여자이고 그릇입니다. 우리는 우리 영혼의 그릇에 예수 그리스도를 우리의 남편으로 담았습니다. 예수 그리스도를 남편으로 담는 성도들은 가장 존귀한 분을 남편으로 담았기 때문에 이 세상에서 가장 존귀한 자들입니다.

마리아는 산골 벽촌의 무명한 처녀였습니다. 다말은 "서방 잡아 먹은 년"이라고 손가락질 받던 여인입니다. 라합은 창녀였고 룻은 모압의 이방 여인이었습니다. 부족하고 흠이 많은 자들이 하나님의 은혜를 입고 주님의 족보에 들어갔습니다. 하나님 앞에서 자기의 죄가 다 드러나서 아무것도 자랑할 것이 없는 자들이 하나님께로부터 은혜를 입고 주님의 귀한 그릇으로 쓰임을 받게 됩니다. 여러분은 어떻습니까? 그래도 자신이 뭔가 잘난 것이 있다고 생각합니까? 잘난 게 있다고 생각하는 사람은 아직도 자기 꼬락서니를 모르는 사람이며 주님의 은혜를 입을 수 없는 사람입니다.

우리는 잘난 것이 전혀 없고 그저 머리끝에서부터 발끝까지 죄덩어리일 뿐인데, 하나님께서 우리를 불쌍히 여기셔서 진리의 복음으로 만나 주셨습니다. 예수 그리스도는 온 우주의 왕이십니다. 그

왕을 자기의 남편으로 자기 영혼의 그릇에 담는 자는 복이 있습니다.

말씀을 마쳤습니다.

구원자 예수 그리스도의 탄생

"예수 그리스도의 나심은 이러하니라 그 모친 마리아가 요셉과 정혼하고 동거하기 전에 성령으로 잉태된 것이 나타났더니

그 남편 요셉은 의로운 사람이라 저를 드러내지 아니하고 가만히 끊고자하여

이 일을 생각할 때에 주의 사자가 현몽하여 가로되 다윗의 자손 요셉아 네 아내 마리아 데려오기를 무서워 말라 저에게 잉태된 자는 성령으로 된 것이라

아들을 낳으리니 이름을 예수라 하라 이는 그가 자기 백성을 저희 죄에서 구원할 자이심이라 하니라

이 모든 일의 된 것은 주께서 선지자로 하신 말씀을 이루려 하심이니 가라사대

보라 처녀가 잉태하여 아들을 낳을 것이요 그 이름은 임마누엘이라 하리라 하셨으니 이를 번역한즉 하나님이 우리와 함께 계시다 함이라

요셉이 잠을 깨어 일어나서 주의 사자의 분부대로 행하여 그 아내를 데려 왔으나

아들을 낳기까지 동침치 아니하더니 낳으매 이름을 예수라 하니라"(마 1:18-25).

마태복음은 **"왕의 복음"**입니다. 구원자 예수 그리스도의 탄생에 대해서 기록하고 있는 복음서는 마태복음과 누가복음 두 권뿐입니다. 마가복음과 요한복음에는 예수님의 탄생에 관한 부분이 없습니다. 마태복음과 누가복음에 나타난 예수님의 탄생에 관한 기록에도

차이가 있습니다. 마태복음은 예수님께서 유대인의 왕으로 오셨다고 조명합니다. 천사가 마리아와 정혼한 요셉에게 꿈에 나타나서, 요셉을 "다윗의 자손 요셉아"(마 1:20)라고 부르시며, 마리아는 성령으로 말미암아 잉태하였다고 그에게 고지(告知)합니다. 예수님께서 다윗 왕의 계통을 좇아 구원자로 오셨으며, 선지자들에게 약속하신 대로 처녀 마리아의 몸에서 육신을 입고 오신 하나님이라고 선포한 것입니다. 한편 누가복음에서는 천사장 가브리엘이 갈릴리의 시골 처녀 마리아에게 직접 나타나서 예수님의 잉태 사실을 알립니다. 누가복음은 예수님께서 철저하게 자기를 낮추셔서 **"여자의 후손"(창 3:15)** 즉 사람의 아들로 오신 분이라고 조명합니다.

"예수"라는 이름의 뜻

"아들을 낳으리니 이름을 예수라 하라 이는 그가 자기 백성을 저희 죄에서 구원할 자이심이라 하니라"(마 1:21). 예수라는 이름은 "자기 백성을 저희 죄에서 구원할 자"라는 뜻입니다. 신약성경은 그리스어로 쓰였는데, 예수라는 이름은 그리스어로 "이에소우스"(Ἰησοῦς, Iēsous)입니다. 이 이름은 히브리어로 "예슈아"(Yeshua)라는 이름에서 유래했는데, "예슈아" 혹은 "여호수아"라는 이름은 "여호와는 구원이시다"(Yahweh is Salvation)라는 뜻입니다. 천사가 요셉에게 아기의 이름을 "예수"라고 알려 주었는데, 그 이름의 뜻은 **"자기 백성을 저희 죄에서 구원할 자"**입니다. 예수는 구원자(Savior)입니다. 그런데 구원자에도 부류가 있습니다. 사람들을 가난으로부터 구원해 주는 구원자도 있고, 정치적 압제에서 구원할 구원자도 있습니다. 사람들을 교육시켜서 무지로부터 구원하는 계몽 구원자들도 있습니다. 해방신학자들은 예수님을 소외된 계층을 해방시키러 오신 사회적 구원자로 부각시킵니다. 그러나 그런 주장은 잘못된 것입니다. 예수님께서는 전 인류를 죄에서 구원하러 오신 **"영혼의 구원자"**입니다. 모든 인류는 죄 때문에 영원한 지옥의 형벌에 떨어질 수밖에 없었는데, 우리 인류를 죄에서 구원해서 천국의 영생을 얻게 하신 분이 예수님입니다.

예수님께서 잡히시던 날 밤에 베다니의 문둥이 시몬의 집에서 식사를 하실 때에, 그 동네에서 소문난 죄인인 한 여인이 값비싼 향유 옥합(玉盒)을 가지고 와서 향유를 예수님의 머리에 부었습니다. 그것을 보고 제자들은 분을 내며 **"무슨 의사로 이것을 허비하느뇨 이것을 많은 값에 팔아 가난한 자들에게 줄 수 있었겠도다"** (마 26:8-9) 하고 그녀를 비난했습니다. 그러나 예수님은 제자들에게 **"너희가 어찌하여 이 여자를 괴롭게 하느냐 저가 내게 좋은 일을 하였느니라 가난한 자들은 항상 너희와 함께 있거니와 나는 항상 함께 있지 아니하리라"**(마 26:10-11)고 말씀하셨습니다. 사람들을 육신적으로 돌보는 일은 영혼들을 죄에서 구원하는 하나님의 일에 비하면 그리 중요하지 않습니다. 그런데 많은 종교인들이 베드로처럼 **"하나님의 일을 생각지 아니하고 도리어 사람의 일을 생각"**(마 16:23)하다가 주님의 책망을 받습니다.

무엇이 중(重)합니까? 그 향유 옥합을 팔아서 가난한 자들을 육신적으로 구제하는 일과 이 여인이 예수님의 장례를 위해서 드린 믿음의 향기가 퍼지듯이 진리의 복음이 전파되는 것이 중합니까? 그 여인은 돈이나 명예나 자기 육신의 안녕보다 자기 영혼의 구원이 중요하다고 믿는 사람이었습니다. 그래서 성자(聖子) 하나님이신 예수님께서 당신의 몸을 드려서 한 영원한 제사를 드려 주심으로 자기를 모든 죄에서 완벽하게 구원하실 것을 믿음으로, 그리고 그 향기로운 소식을 전 세계에 퍼뜨리고 싶은 간절한 마음으로 귀한 향유를 예수님의 머리에 부었습니다. 그래서 예수님은 "**이 여자가 내 몸에 이 향유를 부은 것은 내 장사를 위하여 함이니라 내가 진실로 너희에게 이르노니 온 천하에 어디서든지 이 복음이 전파되는 곳에는 이 여자의 행한 일도 말하여 저를 기념하리라**"(마 26:12-13)고 그 여인의 믿음을 칭찬하셨습니다.

예수님은 우리를 모든 죄에서 구원하러 오신 구원자 하나님입니다. 우리를 모든 죄에서 구원하신 주님의 사역이 우리에게 주신 가장 존귀한 선물입니다. 주님께서는 흠 없는 제물이 되기 위해서 처녀 마리아의 몸에 성령으로 잉태되셨고 이 땅에 오셨습니다. 그리고 예수님은 30세가 되시자 세례 요한에게 안수(按手)의 형식으로 세례를 받으심으로 세상의 모든 죄를 단번에 담당하셨습니다. 이와 같이 하여 주님은 "**세상 죄를 지고 가는 하나님의 어린양**"(요 1:29)으로 십자가로 가셨습니다. 주님은 십자가에 못 박히셔서 온 몸의 피를 다 쏟으시고 "**다 이루었다**"(요 19:30)라고 크게 외치신 후에 돌아가셨습니다. 예수님은 "**자기 백성을 저희 죄에서 구원할 자**"(마 1:21)로서 육신을 입고 이 땅에 오신 성자(聖子) 하나님입니다. "**자기 백성**"이 유대인만을 지칭합니까? 아닙니다. 예수님은 만왕(萬王)의 왕이고 온 우주의 주인입니다. 예수님에게는 전 인류가 다 자기 백성입니다. 예수님은 전 인류를 죄에서 구원하러 오신 하나님입니다.

약속의 말씀을 따라 오신 예수님

 "이 모든 일의 된 것은 주께서 선지자로 하신 말씀을 이루려 하심이니 가라사대 보라 처녀가 잉태하여 아들을 낳을 것이요 그 이름은 임마누엘이라 하리라 하셨으니 이를 번역한즉 하나님이 우리와 함께 계시다 함이라"(마 1:22-23). 마태복음은 구약성경을 많이 인용합니다. 마태복음은 하나님께서 구약성경을 통해서 이스라엘 백성에게 약속하신 약속들이 다 성취되었다는 사실을 강조합니다. "**보라 처녀가 잉태하여 아들을 낳을 것이요 그 이름은 임마누엘이라 하리라 하셨으니 이를 번역한즉 하나님이 우리와 함께 계시다 함이라**"라는 말씀은 구약시대의 선지자 이사야를 통해서 예언하신 말씀을 인용한 것입니다: "그러므로 주께서 친히 징조로 너희에게 주실 것이라 보라 처녀가 잉태하여 아들을 낳을 것이요 그 이름을 임마누엘이라 하리라"(사 7:14).

 이사야 선지자는 기원전(BC) 700년을 전후해서 유다 왕국에서 활동했던 하나님의 종입니다. 하나님께서는 예수님께서 이 땅에 오신 때로부터 약 700년 전에 당신의 종을 통해서 구원자를 보내 주시겠다고 약속하셨고, 그 약속을 그대로 성취하셨습니다. "처녀가 잉태하여 아들을 낳는다"면 그것이 얼마나 놀라운 징조입니까? 처녀가 어떻게 잉태를 합니까? "아니 땐 굴뚝에 연기 나랴?"라는 속담이 있고, "처녀가 애를 배도 할 말이 있다"라는 속담도 있지만, 처녀 혼자서는 절대로 애를 배지 못합니다. 그러니 처녀가 잉태해서 아들을 낳는다면 그것은 하나님께서만이 하실 수 있는 일입니다. 또 그 아기의 이름을 "**임마누엘이라 하리라**"라고 말씀하셨는데, **임마누엘**은 "**하나님이 우리와 함께 계시다**"라는 뜻입니다. 성자(聖

子) 하나님께서 친히 처녀의 몸에 잉태되어서 육신을 입고 태어나셔서 우리 가운데 사람으로 오셨습니다. 그분이 바로 예수님입니다.

남자를 알지 못하는 처녀가 성령의 능력으로 잉태해서 아들을 낳았으니, 그 아들은 남자의 후손이 아니라 **"여자의 후손"**(창 3:15)입니다. 남자와 여자가 결합해서 자식이 태어나면, 그 자식은 근본 아담의 후손이기 때문에, 모든 사람은 태어날 때부터 죄 덩어리입니다. 첫 사람 아담은 근본 죄로 오염되었기 때문에, 우리 모든 인류는 태어날 때부터 마음속에 온갖 죄들을 가지고 태어납니다. 아카시아는 콩과(科) 식물입니다. 그래서 아카시아의 씨 주머니도 콩꼬투리처럼 생겼습니다. 아카시아의 꼬투리를 까보면 콩처럼 생긴 조그만 씨들이 들어 있습니다. 그 씨를 칼로 쪼개서 현미경으로 아무리 세밀하게 들여다보아도 그 씨에는 가시가 전혀 보이지 않습니다. 그런데 아카시아 씨를 심으면 처음에는 떡잎이 나는데 거기에는 가시가 보이지 않습니다. 그런데 조금 더 자라나면 녹색 줄기에서 녹색 가시가 삐져나오기 시작합니다. 가시의 인자(因子)가 그 씨에 들어 있기 때문입니다.

아기들도 어렸을 때에는 천사와도 같습니다. 그런데 아카시아가 자라나면서 가시가 삐져나오듯, 아기들도 자라나면 속에서부터 삐져나오는 것들이 있습니다. 그것들이 바로 태어날 때부터 근본적으로 사람의 마음에 장착되어 있는 죄들입니다. 예수님은 이 사실에 대해서 **"사람에게서 나오는 그것이 사람을 더럽게 하느니라 속에서 곧 사람의 마음에서 나오는 것은 악한 생각 곧 음란과 도적질과 살인과 간음과 탐욕과 악독과 속임과 음탕과 흘기는 눈과 훼방과 교만과 광패니 이 모든 악한 것이 다 속에서 나와서 사람을 더럽게 하느니라"**(막 7:20-23)고 밝히 가르쳐 주셨습니다. 남자의 자손, 즉 아담의 후손은 전부 죄 덩어리입니다. "만물보다 거짓되고 심히 **부패한 것은 마음이라 누가 능히 이를 알리요마는**"(렘 17:9)이라고 성경에 기록되어 있습니다. 모든 만물 중에서 가장 더러운 존재가 인간입니다. 모든 인류는 태어날 때부터 죄로 철저하게 오염된 자들입니다. 이와 같이 남자의 후손은 근본 죄 덩어리이기 때문에 "흠 없는 제물"이 될 수 없습니다. 그래서 하나님께서는 남자의 후손이 아닌 **"여자의 후손"**(창 3:15)으로 예수님을 보내 주셨습니다. 이것이 "처녀가 잉태하여 아들을 낳으리니 그 이름을 임마누엘이라 하리라"라고 하신 하나님의 뜻입니다.

"전에 고통하던 자에게는 흑암이 없으리로다 옛적에는 여호와께서 스불론 땅과 납달리 땅으로 멸시를 당케 하셨더니 후에는 해변 길과 요단 저편 이방의 갈릴리를 영화롭게 하셨느니라 흑암에 행하던 백성이 큰 빛을 보고 사망의 그늘진 땅에 거하던 자에게 빛이 비취도다 주께서 이 나라를 창성케 하시며 그 즐거움을 더하게 하셨으므로 추수하는 즐거움과 탈취물을 나누는 때의 즐거움 같이 그들이 주의 앞에서 즐거워하오니 이는 그들의 무겁게 멘 멍에와 그 어깨의 채찍과 그 압제자의 막대기를 꺾으시되 미디안의 날과 같이 하셨음이니이다 어지러이 싸우는 군인의 갑옷과 피묻은 복장이 불에 섶 같이 살라지리니 이는 한 아기가 우리에게 났고 한 아들을 우리에게 주신바 되었는데 그 어깨에는 정사를 메었고 그 이름은 기묘자라, 모사라, 전능하신 하나님이라, 영존하시는 아버지라, 평강의 왕이라 할 것임이라 그 정사와 평강의 더함이 무궁하며 또 다윗의 위에 앉아서 그 나라를 굳게 세우고 자금 이후 영원토록 공평과 정의로 그것을 보존하실 것이라 만군의 여호와의 열심이 이를 이루시리라"(사 9:1-7).

하나님께서 한 아들을 우리에게 주실 터인데, 그분은 평강의 왕이라고 선포하셨습니다. 그 아들의 "**어깨에는 정사를 메었고 그 이름은 기묘자라, 모사라, 전능하신 하나님이라, 영존하시는 아버지라, 평강의 왕이라 할 것임이라**"라고 말씀하셨습니다. 정사(政事)는 통치권(government)을 뜻합니다. 온 우주를 통치하실 분의 이름은 기묘자(奇妙者, Wonderful)입니다. 예수님은 사람이 되셔서 오신 하나님이시니 모든 지혜가 충만하고 놀랍도록 신묘막측한 분입니다. 또 예수님은 우리의 죄 문제뿐만 아니라 모든 문제를 해결해 주시는 모사(謀士, Counsellor)입니다.

무엇보다도 예수님은 "**평강의 왕**"(The Prince of Peace, KJV)입니다. 우리의 모든 죄의 짐과 삶의 멍에를 다 내려놓게 해 주신 분이 예수님입니다. "**수고하고 무거운 짐진 자들아 다 내게로 오라 내가 너희를 쉬게 하리라**"(마 11:28)고 주님께서 말씀하셨습니다. 우리가 죄의 짐을 지고 얼마나 허덕였습니까? 우리가 육신의 연약과 부족함 때문에 얼마나 비참하게 살았습니까? 우리는 사단 마귀가 속여놓은 욕망의 덫과 잘못된 가치관에 묶여서 얼마나 속박을 받으며 살았습니까? 그런데 예수 그리스도께서 대속의 제물이 되셔서 우리의 모든 죄를 대속해 주셨습니다. 주님의 의로운 행동으로 우리를 죄와 사망의 덫에서 온전히 구원해 주셨습니다. 그뿐 아니라 진리의 말씀으로 우리를 가르치셔서 이제 우리는 "**지식에까지 새롭게**"(골 3:10) 지으심을 받았습니다. 그래서 예수 그리스도를 구원자로 맞이한 사람은 참으로 자유롭습니다. 거듭난 의인들은 죄뿐만 아니라 사단 마귀의 모든 거짓으로부터도 해방되었습니다.

"**전에 고통하던 자에게는 흑암이 없으리로다 옛적에는 여호와께서 스불론 땅과 납달리 땅으로 멸시를 당케 하셨더니 후에는 해**

변 길과 요단 저편 이방의 갈릴리를 영화롭게 하셨느니라 흑암에 행하던 백성이 큰 빛을 보고 사망의 그늘진 땅에 거하던 자에게 빛이 비취도다"(사 9:1-2). 구약성경의 약속을 성취하러 오신 예수님은 진리의 참 빛입니다. 흑암(죄) 가운데 방황하던 인생들에게 진리의 빛으로 오셔서 그 모든 흑암(죄)을 단번에 없애 주셨습니다. 저는 이 예배당에 들어오면서 출입구 안쪽에 달린 스위치를 눌러서 전등을 켰습니다. 이 예배당을 덮고 있던 어둠은 그 순간에 완전히 물러갔습니다. 우리의 구원자인 예수님께서 죄로 가득 찬 우리의 마음에 원형복음의 빛을 밝히시는 순간에 우리 마음의 모든 죄는 깨끗이 사라졌습니다. 그래서 거듭난 우리가 안식과 평안을 누리게 되었습니다.

요셉의 순종

"요셉이 잠을 깨어 일어나서 주의 사자의 분부대로 행하여 그 아내를 데려 왔으나 아들을 낳기까지 동침치 아니하더니 낳으매 이름을 예수라 하니라"(마 1:24-25). 요셉은 꿈에 천사의 기별을 받았는데, 자기와 약혼한 처녀가 아들을 잉태했으며 그것은 성령으로 말미암은 일이라는 전갈이었습니다. 천사가 전한 말씀은 충격적이었습니다. 그러나 요셉은 꿈에서 깨어나서 천사가 명한 하나님의 말씀에 순종했습니다. 요셉은 마리아를 아내로 맞아들이고 잘 돌봐서 맏아들을 낳았습니다.

믿음은 "하나님의 말씀을 믿는 것"입니다. 그리고 믿음은 순종입니다. 믿음은 하나님의 말씀을 입술로만 고백하는 것이 아니라, 하나님 말씀을 마음으로 확신하기 때문에 그 말씀에 순종하는 것을 의미합니다. 참된 믿음의 사람은 하나님의 말씀을 즐겨 순종합니다. 자원함과 기쁨으로 순종하지 않는 믿음은 참된 믿음이 아닙니다. 입술로는 믿는다고 고백하고 실제로는 순종하지 않는 것은 하나님께서 인정하시는 참된 믿음이 아닙니다. 그래서 주님은 **"행함이 없는 믿음이 헛것"**(약 2:20)이라고 말씀하셨습니다.

예를 한번 들어서 설명을 해 보겠습니다. 우리나라의 공영 TV 방송에 "오늘 한국은행에 100만 원을 맡기면 내일 200만 원을 주겠다"라는 광고가 나갔다고 가정합시다. 그러면 누구라도 자기가 거래하는 은행에서 예금을 인출해서 한국은행의 지점들로 달려갈 것입니다. 벌써 한국은행의 본점이나 지점에는 돈을 맡기려는 사람들로 장사진(長蛇陣)을 이루고 있을 것입니다. 그런데 어느 저축은행에서 똑같은 내용을 어느 인터넷 방송국을 통해서 광고했다고 칩시다. 그런 광고를 본 사람들이 전자의 예처럼 기를 쓰고 돈을 마련해서 그 광고를 낸 저축은행으로 달려가겠습니까? 모든 저축은행이 다 그런 것은 아니지만, 우리는 어느 저축은행의 임원이 은행 돈을 횡령하고 외국으로 도피해서 예금주들이 피해를 입었다는 뉴스를 종종 접했습니다. 그래서 저 같으면 저축은행의 광고만 보고서 그런 곳에 돈을 맡기지는 않습니다. 이와 같이 어떤 사실을 진정으로 믿으면 행함이 저절로 따라가게 되어 있습니다.

우리가 천국과 지옥이 있다고 확실히 믿는다면, 그리고 마음에 죄가 있으면 지옥에 간다는 하나님의 말씀을 진정으로 믿는다면, 우리는 간절한 마음으로 예수 그리스도의 복음을 믿을 것이고 또 실제 남은 생애에 전심으로 복음을 전파하며 살아갈 것입니다. "달란트의 비유" 말씀에서, 주님께서 나누어 주신 달란트를 땅에 묻어 버린 자는 천국에 들어가지 못하고 지옥에 떨어졌습니다. "땅"은 우리의 육신을 지칭하는데, 달란트를 땅에 묻은 자는 진리의 복음 말씀을 지식으로만 받아들인 사람을 가리킵니다. 그런 사람은 복음을 생명처럼 여기거나 복음을 전파하라는 주님의 명령을 경외하는 마음으로 순종하지 못합니다. 주님의 말씀을 진정으로 믿는 자는 주의 말씀을 즐겨 순종합니다. 요셉은 진정으로 하나님을 경외하고 그의 말씀을 믿었기에 잠잠히 순종할 수 있었습니다.

맏아들 예수

"아들을 낳기까지 동침치 아니하더니 낳으매 이름을 예수라 하니라"(마 1:25). "아들을 낳기까지 동침치 아니하였다"라는 말씀을 뒤집어서 얘기하면 첫아들을 낳은 후에는 요셉이 마리아와 동침했다는 말입니다. 마리아와 요셉은 부부입니다. 마리아가 맏아들 예수님을 낳은 후에, 아내의 본분을 다하기 위해서 요셉과 동침했다고 해도 아무 문제가 없습니다. 요셉과 마리아는 하나님께서 주신 첫아들을 낳아서 믿음으로 잘 키웠습니다. 그 후에 마리아와 요셉 사이에 다른 자식은 없었습니까? 요셉과 마리아에게 여러 명의 자녀가 있었습니다. 그리고 성경은 그 동생들의 이름들을 구체적으로 열거하고 있습니다: "이는 그 목수의 아들이 아니냐 그 모친은 마리아, 그 형제들은 야고보, 요셉, 시몬, 유다라 하지 않느냐 그 누이들은 다 우리와 함께 있지 아니하냐"(마 13:55-56). 요셉과 마리아 사이에서 태어난 동생들이 있었다고 해서 그것이 예수님의 구원사역에 무슨 흠결(欠缺)이 됩니까? 그것은 예수님의 신성에 전혀 문제가 되지 않습니다.

그런데 가톨릭교회는 예수님 외에는 마리아에게 다른 자식이 없다고 주장합니다. 동정녀(童貞女) 마리아는 예수님을 낳은 후에도 자기의 "처녀성"을 지켜서 요셉과 동침하지 않고 성결한 삶을 살았다는 "마리아의 평생 동정설"을 가톨릭교회는 주장합니다. 그들은 신약성경에 이름이 기록된 예수님의 동생들은 요셉이나 마리아의 조카들이라고 주장합니다. 그런 억지 주장은 마리아를 신격화하는 과정에서 생겨난 교설(巧說)입니다. 가톨릭교회는 **"성모 무염시태설(無染始胎說)"**이나 **"성모 몽소승천설(蒙召昇天說)"** 같은 날조된 교리를 주장합니다. "성모 무염시태설"이란 마리아가 죄에 전혀 오염되지 않은 상태로 예수님을 잉태했다는 주장입니다. 즉 마리아는 근본 죄가 없는 거룩한 분이었다는 말인데, 이는 하나님의 말씀을 정면으로 부인하는 주장입니다. 마리아도 우리와 똑같이 아담의 후손입니다. 다만 마리아는 하나님의 말씀을 믿음으로 받아서 성자 하나님께 자신의 태(胎)만 빌려드린 것에 불과합니다. "성모 몽소승천설"은 마리아가 죽음을 맛보지 않고 천국으로 들어올려졌다는 주장입니다. 그런데 신약성경 어디에도 그런 말씀은 기록되어 있지 않습니다.

심지어 가톨릭교회는 마리아를 **"천주의 모후(母后)"**라고 칭합니다. 이 말은 "마리아는 하나님을 낳아준 황후(皇后)"라는 뜻입니다. 이런 칭호는 마리아 신격화(神格化)의 극치입니다. 마리아는 하나님의 말씀을 믿음으로 예수님을 잉태한 분이기에, 그의 믿음은 칭찬을 받아 마땅합니다. 그러나 마리아도 우리와 성정(性情)이 같은 사람에 불과합니다. 그녀도 예수님의 은혜를 입어 죄 사함을 받고 영생을 얻어야 할 존재에 불과합니다. 마리아도 한때 예수님을 온전히 믿지 못해서 예수님에게 박대를 당한 적이 있습니다. 예수님께서 놀라운 이적들을 베푸시면서 천국 복음을 전파하시자, 대적자

(對敵者)들은 예수님이 바알제불이라는 귀신의 왕에 씌어서 그 귀신의 능력으로 다른 귀신들을 쫓아낸다고 소문을 퍼뜨렸습니다. 그 소문이 예수님의 고향인 갈릴리까지 퍼지자 마리아가 예수님의 동생들을 총동원해서 예수님을 붙잡아 고향으로 데려가려고 예수님께로 온 적이 있습니다. 그런데 예수님의 주변에 사람들이 너무 많아서 예수님께서 계신 집에 들어갈 수 없었고, 마리아와 예수님의 형제들은 집 밖에서 자기들이 왔노라고 예수님에게 전갈을 넣었습니다. 그런데 예수님은 마리아나 동생들을 만나 주시지도 않았습니다. 예수님은 **"누가 내 모친이며 동생들이냐 하시고 둘러 앉은 자들을 둘러 보시며 가라사대 내 모친과 내 동생들을 보라 누구든지 하나님의 뜻대로 하는 자는 내 형제요 자매요 모친이니라"**(막 3:33-35)고 아주 단호하게 말씀하셨습니다. 맏아들 예수님을 낳은 후에, 마리아는 남편 요셉에게 충성스럽게 아내의 본분을 다했습니다. 그래서 마리아는 자녀를 많이 낳았습니다. 마리아를 신격화해서 하나님의 원형복음을 가리는 일은 사단 마귀의 궤계(詭計)라는 사실을 여러분은 명심하시기 바랍니다.

　예수 그리스도는 구원자로 이 땅에 오신 성자(聖子) 하나님입니다. 하나님 아버지께서는 당신의 약속대로 성령의 능력으로 처녀의 몸에 성자(聖子) 예수님을 잉태되게 하셔서 **"여자의 후손"**(창 3:15)으로 우리 가운데 보내 주셨습니다. 우리 가운데 "임마누엘"의 이름으로 오신 구원자 예수 그리스도를 찬양합니다. 만왕(萬王)의 왕이신 성자(聖子) 예수님을 찬양합니다. 할렐루야!

　말씀을 마쳤습니다.

만왕의 왕께 경배하라

"헤롯왕 때에 예수께서 유대 베들레헴에서 나시매 동방으로부터 박사들이 예루살렘에 이르러 말하되

유대인의 왕으로 나신 이가 어디 계시뇨 우리가 동방에서 그의 별을 보고 그에게 경배하러 왔노라 하니

헤롯왕과 온 예루살렘이 듣고 소동한지라

왕이 모든 대제사장과 백성의 서기관들을 모아 그리스도가 어디서 나겠느뇨 물으니

가로되 유대 베들레헴이오니 이는 선지자로 이렇게 기록된바

또 유대 땅 베들레헴아 너는 유대 고을 중에 가장 작지 아니하도다 네게서 한 다스리는 자가 나와서 내 백성 이스라엘의 목자가 되리라 하였음이니이다

이에 헤롯이 가만히 박사들을 불러 별이 나타난 때를 자세히 묻고

베들레헴으로 보내며 이르되 가서 아기에 대하여 자세히 알아보고 찾거든 내게 고하여 나도 가서 그에게 경배하게 하라

박사들이 왕의 말을 듣고 갈쌔 동방에서 보던 그 별이 문득 앞서 인도하여 가다가 아기 있는 곳 위에 머물러 섰는지라

저희가 별을 보고 가장 크게 기뻐하고 기뻐하더라

집에 들어가 아기와 그 모친 마리아의 함께 있는 것을 보고 엎드려 아기께 경배하고 보배합을 열어 황금과 유향과 몰약을 예물로 드리니라

꿈에 헤롯에게로 돌아가지 말라 지시하심을 받아 다른 길로 고국에 돌아가니라"(마 2:1-12).

오늘의 본문은 동방에서 온 박사들이 아기 예수님께 예배를 드린 내용을 기록하고 있습니다. "♬동방박사 세 사람이 새아기 보고 절하고~"라는 찬송가도 있듯이, 대부분의 기독교인들은 동방에서 예수님께 예배하러 온 현자(賢者, wise men)들이 세 사람이라고 확신합니다. 그러나 그들이 드린 예물이 3 가지여서 그렇게 추정하는 것뿐이지, 성경에는 그들이 정확하게 몇 분이었는지 기록되어 있지 않습니다.

성령의 능력으로 예수님을 잉태한 마리아와 그녀의 정혼자(定婚者) 요셉이 살던 곳은 갈릴리의 나사렛이란 마을입니다. 그런데 하나님께서는 당시의 로마 황제 아구스도(Augustus, 눅 2:1)의 마음을 움직여서, 그가 로마 제국의 모든 시민들에게 각기 자기 조상의 본관(本貫)으로 올라가서 호적 조사를 받도록 칙명을 내렸습니다. 그 당시 이스라엘은 로마 제국의 식민지였고 수리아(Syria) 지방의 총독인 구레뇨(Cyrenius)의 통치 아래 있었습니다. 요셉은 다윗의 후손이기 때문에 다윗의 본관인 베들레헴으로 가서 자기 가문의 호적에 이름을 올려야 했습니다. 이는 하나님께서 미가(Micah) 선지자를 통해서 **"베들레헴 에브라다야 너는 유다 족속 중에 작을찌라도 이스라엘을 다스릴 자가 네게서 내게로 나올 것이라 그의 근본은 상고에, 태초에니라"**(미 5:2)고 약속하신 말씀을 이루신 역사였습니다. 갈릴리 지방의 나사렛 마을에서 유다 지방의 베들레헴까지는 제법 먼 거리였고 게다가 마리아는 만삭이었습니다. 그래도 로마 황제의 칙령은 피할 길이 없었기에, 요셉은 만삭의 아내를 데리고 그 먼 길을 여행해서 베들레헴에 도착했습니다. 그렇게 해서 다윗의 고을 베들레헴에서 예수님께서 탄생하셨습니다.

마태복음은 예수님께서 탄생하신 후의 첫 번째 사건으로 "동방 박사들의 예배"에 대해서 기록하고 있습니다. 동방에서 박사들이 유대인의 왕으로 나신 이에게 경배하려고 그의 별을 쫓아서 예루살렘까지 왔습니다. 그들은 "동방에서 온 현자들"(wise men from the east, KJV)이었습니다. 우리는 그들이 이스라엘의 동쪽 어느 나라 사람들인지는 모릅니다. 아무튼 예수님께서 태어나셨을 때에 이스라엘 사람이 아니라 동방의 이방인 중에서 지혜로운 사람들이 구원자의 탄생을 알고 경배를 드리러 왔습니다.

가장 지혜로운 자는 누구인가?

사람들은 고시에 합격해서 높은 벼슬에 오른 사람이나 돈을 많이 번 부자들이나 열심히 공부해서 박사 학위를 받고 사람들의 인정을 받는 사람을 지혜롭다고 인정합니다. 말하자면 소위 "출세했다"라는 사람들이 이 세상에서는 지혜롭다는 평가를 받습니다. 그런데 영적인 세계에서는 누가 지혜로운 사람입니까? 우리를 영생의 천국으로 인도하는 구세주를 알아보고 그분께 경배하는 자가 지혜로운 사람입니다. 예수님은 영(靈)이신 하나님입니다. 하나님 아버지께서 당신의 형상을 좇아서 만드신 인류가 죄에 빠져서 영원한 심판을 받고 지옥에 떨어질 수밖에 없을 때에, 그들을 불쌍히 여기셔서 당신의 외아들인 성자(聖子) 예수님을 성령의 능력으로 처녀 마리아의 태에 잉태되게 하셔서 우리에게 구원자로 보내 주셨습니다. 참 하나님이 참 사람이 되어서 오신 분이 예수님입니다.

갓 태어난 예수님은 비록 아기였지만 근본 하나님입니다. 예수님은 온 우주를 창조하시고 다스리시는 만왕(萬王)의 왕입니다. 사람들은 예수님을 "인류의 4대 성인 중의 한 분"이라고 생각합니다만, 예수님은 감히 인간이 범접하지 못할 하나님이며 성인들을 존재하게 하신 분입니다. 지금 동방에서 그분을 알아보고 현자들이 찾아왔습니다. 그들이 지혜로운 자들입니다. 사람들 가운데서 누가 지혜로운 자들입니까? 만왕(萬王)의 왕이신 예수님을 알아보고 그분께 경배하는 자들이 참으로 지혜로운 자들입니다. 자기를 영원한 지옥의 저주에서 구원하신 예수님을 자기의 구주로 만난 자가 지혜로운 자입니다.

예수님께로 인도하는 별

"유대인의 왕으로 나신 이가 어디 계시뇨 우리가 동방에서 그의 별을 보고 그에게 경배하러 왔노라 하니"(마 2:2)라고 기록한 바와 같이 동방의 현자들이 별의 인도를 받아서 예수님을 찾아가고 있었습니다. "그의 별"은 영적으로 하나님의 종을 의미합니다. 누구든지 하나님의 종의 인도를 받아야 정확하게 예수 그리스도를 만날 수 있습니다. 아무리 지혜로운 동방의 현자들이라도 별의 인도가 없었다면 예수님을 만나지 못했습니다. 또 "그의 별"이 아닌 다른 별의 인도를 받으면 "다른 예수님"을 만나게 됩니다. 지금도 수많은 사람들이 예수님을 믿고 예수님께 경배 드린다고 생각하지만 사실은 그들은 "그의 별"이 아닌 다른 별의 인도를 받아서 다른 예수에게 경배하고 있습니다. 여러분에게 너무나 충격적인 말이겠지만 이 말은 사실입니다. 동방의 현자들도 자칫하면 예수님을 만나지 못할 뻔했습니다. 그들은 "그의 별"을 잘 따라가다가 그들의 눈앞에 예루살렘이라는 큰 도시가 펼쳐졌을 때에 잠시 "그의 별"에서 눈을 떼었습니다. 이 땅의 빛이 하늘로부터 오는 "**그의 별**"의 빛을 무시하게 했습니다. 그래서 그들은 예루살렘으로 들어가서 사람들에게 "**유대인의 왕으로 나신 이가 어디 계시뇨 우리가 동방에서 그의 별을 보고 그에게 경배하러 왔노라**"(마 2:2)고 물었습니다.

헤롯 왕과 온 예루살렘이 발칵 뒤집혔습니다. 헤롯 왕은 대제사장들과 서기관들을 다 모아놓고 "**그리스도가 어디서 나겠느뇨**" 하고 물었습니다. 로마 제국의 식민 통치를 받던 유대인들은 다윗의 법통(法統)을 이어받을 왕을 주시겠다고 하신 하나님의 약속의 말씀이 이루어지기를 간절히 기다리고 있었습니다. 한편 자칫하면 왕위를 빼앗기게 된 헤롯 왕은 바짝 긴장했습니다. 그래서 대제사장과 백성의 서기관들을 소집하고는, "**그리스도가 어디서 나겠느뇨?**" 하고 물었습니다. 그들은 "**베들레헴 에브라다야 너는 유다 족속 중에 작을찌라도 이스라엘을 다스릴 자가 네게서 내게로 나올 것이라 그의 근본은 상고에, 태초에니라**"(미 5:2)고 하신 예언의 말씀을 근거로 이스라엘을 다스릴 왕이 유대 땅 베들레헴에서 나실 것이라고 대답했습니다. 헤롯 왕은 동방에서 온 현자들을 베들레헴으로 먼저 보내면서 "가서 왕을 찾거든 나에게도 기별을 해라. 나도 가서 왕에게 경배하겠다"라고 당부했습니다. 그러나 헤롯의 말은 거짓말이고 계략이었습니다.

동방의 현자들은 헤롯 왕과 헤어져서 예루살렘 성을 떠나자 다시 "**그의 별**"을 보게 됩니다. 세상의 지식이나 지혜를 의지하는 자는 하나님의 종을 알아보지 못합니다. 이 세상의 지식이나 경험 등은 별것 없습니다. 참된 지혜와 고귀한 지식은 성경 안에 있습니다. 현자들이 세상의 지식에 의지하려던 우매함 때문에 일어난 소동으로 인해서, 후에 헤롯 왕은 베들레헴 인근의 두 살배기 아래의 남자 아기들을 다 죽입니다. 현자들이 "그의 별"의 인도를 끝까지 따라갔더라면 이런 비참한 결과가 일어나지 않았을 것입니다. 거듭난 의인이라도 하나님의 종의 인도를 받지 못하면 반드시 세상을 의지합니다. 그래서 세상 사람들로부터 조언을 듣고 지혜를 구하게 되는데 그 결과는 비참할 수밖에 없습니다. 하나님의 종의 인도를 받으려면 자기 육신의 생각을 부인해야 합니다. 동방에서 온 현자들이 "그의 별"만을 좇았더라면 베들레헴으로 직행했을 터인데, 자기의 생각을 따라 예루살렘으로 들어가서 큰 소동을 일으켰습니다. 그러나 예루살렘을 떠나서 다시 "그의 별"의 인도를 받고 끝내 예수 그리스도를 만납니다. 자기 혼자서는 예수 그리스도를 만나지 못합니다. 누구든지 하나님과 마음을 연합한 하나님의 종의 인도를 받아야만 구원자 예수 그리스도를 만날 수 있습니다.

예수님께 드린 세 가지 예물

"집에 들어가 아기와 그 모친 마리아의 함께 있는 것을 보고 엎드려 아기께 경배하고 보배합을 열어 **황금과 유향과 몰약을** 예물로 드리니라 꿈에 헤롯에게로 돌아가지 말라 지시하심을 받아 다른 길로 고국에 돌아가니라"(마 2:11-12).

동방에서 온 현자들은 아기 예수님을 만나서 경배하고 "**황금과 유향과 몰약**"을 예물로 드렸습니다. 이 세 가지 예물은 예수님을 만난 우리들의 신앙고백입니다. **첫째로 금은 "예수님은 만왕의 왕, 즉 하나님이시다"라는 믿음의 고백입니다**. 예수님은 하나님입니다. 교과서에는 예수님을 세상의 4대 성인 중의 한 사람이라고 가르칩니다. 세상 사람들은 예수님을 석가모니나 공자 또는 소크라테스 같은 인물들과 동급(同級)으로 여깁니다. 그런 가르침은 턱도 없는 거짓말입니다. 어디라고 창조주 하나님을 피조물인 인간들의 반열에 끼워 넣고 인간들과 비교를 합니까? 예수님은 창조주 하나님입니다. 영원 전부터 계셨고 영원까지 계신 하나님입니다. 소위 성자라고 칭송을 받는 사람들까지 창조하신 분이 예수님입니다. 동방에서 온 현자들은 "예수님은 육신을 입고 오신 하나님이다"라는 믿음의 고백으로 아기 예수님께 황금을 드렸습니다. 이것은 참으로 올바른 신앙고백입니다. 오늘날의 기독교인들 중에는 "예수님은 하나님입니다"라고 믿음으로 고백하지 않는 이들이 많습니다. 저는 아침에 산책하러 나가면 서적전시대를 펴놓고 있는 여호와의 증인들을 종종 만납니다. 그들은 예수님을 하나님이라고 믿지 않습니다. 그들은 "예수님이 하나님의 아들인 것은 맞지만 하나님은 아니다"라고 믿습니다. 그러나 예수님은 성부(聖父) 하나님의 외아들인 성자(聖子) 하나님입니다. 이 진리가 바른 신앙의 초석(礎石)입니다.

둘째로 동방의 현자들은 유향(乳香, frankincense)을 예수님께 드렸습니다. 유향은 예수님의 희생 제사를 계시합니다. 예수님은 육체를 입고 이 땅에 오셔서 우리 인류를 죄에서 구원하기 위해서 자기 몸으로 한 영원한 제사를 드려 주셨습니다. **"누구든지 소제의 예물을 여호와께 드리려거든 고운 가루로 예물을 삼아 그 위에 기름을 붓고 또 그 위에 유향을 놓아 아론의 자손 제사장들에게로 가져 올 것이요 제사장은 그 고운 기름 가루 한 줌과 그 모든 유향을 취하여 기념물로 단 위에 불사를찌니 이는 화제라 여호와께 향기로운 냄새니라"**(레 2:1-2). 구약성경에 기록된 제사들은 대부분 번제단에 제물을 얹고 불살라 드리는 화제(火祭)입니다. 이 제사들은 다 예수 그리스도께서 육신을 입고 이 땅에 오셔서 자기 몸으로 하나님께 향기로운 화제를 드려서 인류의 죄를 다 없애 주신 구원의 사역을 계시합니다.

사람이 죄를 범하면 그 죄 때문에 하나님의 심판을 받고 지옥에 가야 합니다. "죄의 삯은 사망"(롬 6:23)인데, 여기에서 사망은 "둘째 사망 곧 불못(지옥)"(계 20:14)을 의미합니다. 누구든지 죄가 있으면 반드시 지옥에 갑니다. 하나님은 거룩한 분이시기 때문에 죄인들을 그대로 천국에 들여놓지 않습니다. 당신이 강아지를 참으로 예뻐하지만, 그 강아지가 똥 밭에서 뒹굴어서 똥이 잔뜩 묻었다고 가정합시다. 그러면 당신은 그 강아지를 끌어안을 수 있습니까? 없습니다. 그 강아지를 다시 끌어안으려면 먼저 똥을 깨끗이 씻어 주어야 합니다. 우리도 그 강아지와 같이 죄의 똥이 잔뜩 묻은 자들입니다. 그런데 우리 스스로 그 더러운 죄를 씻어낼 길이 없다는 사실이 문제입니다. 그래서 하나님 편에서 우리의 모든 죄를 깨끗이 없애 주시려고 예수님을 우리에게 보내 주셨습니다. 그리고 하나님께서 세우신 공의한 대속(代贖)의 방법으로 우리의 모든 죄를 깨끗이 씻어 주셨습니다. 우리의 죄는 반드시 생명(피)으로써 대가(代價)를 치러야 없어지는데, 대속(代贖)의 제사는 반드시 세 가지 조건이 충족되어야 하나님께 열납(悅納)됩니다. 구약성경에서 하나님께서 기뻐 받으시는 대표적인 속죄제사 중의 하나로서, 평민의 속죄제사에 대해 살펴보겠습니다.

"만일 평민의 하나가 여호와의 금령 중 하나라도 부지중에 범하여 허물이 있었다가 그 범한 죄에 깨우침을 받거든 그는 흠 없는 암염소를 끌고 와서 그 범한 죄를 인하여 그것을 예물로 삼아 그 속죄제 희생의 머리에 안수하고 그 희생을 번제소에서 잡을 것이요 제사장은 손가락으로 그 피를 찍어 번제단 뿔에 바르고 그 피 전부를 단 밑에 쏟고 그 모든 기름을 화목제 희생의 기름을 취한 것 같이 취하여 단 위에 불살라 여호와께 향기롭게 할지니 제사장이 그를 위하여 속죄한즉 그가 사함을 얻으리라"(레 4:27-31).

여호와의 금령(禁令) 중 하나라도 어긴 것이 바로 죄입니다. 자기도 모르게 죄를 짓고, 그 죄를 깨달은 자는 먼저 **"흠 없는 암염소"**를 끌고 성막(聖幕)으로 나와야 합니다. 대속의 제물인 암염소는 흠이 하나도 없이 깨끗하고 온전해야 합니다. 둘째로 죄를 지은 자는 흠 없는 암염소의 **"머리에 안수"**해야 합니다. "안수"(按手)는 죄를 넘기는 공의한 법입니다. 죄인이 흠 없는 염소의 머리에 안수하고 손을 떼면, 이제 그의 죄가 염소에게 넘어가 있습니다. 마지막으로 세 번째는 자기의 죄를 넘긴 사람이 번제소 앞에서 칼로 그 염소의 목을 따서 잡습니다. 주관하는 제사장이 "찔러!" 하면, 자기의 죄를 넘긴 사람은 염소의 목을 꽉 찌릅니다. 염소는 외마디 비명을 지르고 쓰러지고 그 목에서 생명의 **"피"**가 콸콸 쏟아집니다. 죄인이었던 그 사람은 그 염소의 피를 보면서, 하나님께 감사를 드립니다. 자기가 이 염소처럼 죽어야 하는데 하나님께서 대속의 제물을 받으시고 자신의 죄를 사해 주신 은혜에 감사를 드리는 것입니다.

그 사람이 염소의 피를 받아서 제사장에게 주면 제사장은 그 피를 손가락으로 찍어 **"번제단 뿔에 바르고 그 피 전부를 단 밑에"** 쏟습니다. 번제단의 뿔은 우리의 죄를 기록하는 **"심판책"** 즉 **"행위록"**(계 20:12)을 계시합니다. 또 **"단 밑"**의 땅은 우리의 마음을 계시합니다. "유다의 죄는 금강석 끝 철필로 기록되되 그들의 마음판과 그들의 단 뿔에 새겨졌거늘"(렘 17:1)이라고 기록된 대로, 우리가 범죄하면 그 죄가 하나님의 보좌 앞에 있는 행위록(行爲錄)에 기록되고 또 우리의 마음 판에도 기록됩니다. 그 두 군데의 죄가 대속의 제물의 피로써 다 씻겨야 합니다. 제사장은 이제 염소의 배를 가르고 내장을 씻어낸 후에 **"그 모든 기름을 화목제 희생의 기름을 취한 것 같이 취하여 단 위에 불살라 여호와께 향기롭게"** 번제(燔祭)로 드렸습니다.

 예수님은 육체를 입고 흠 없는 어린양으로 오셔서 우리 인류의 죄를 담당하시기 위해서 세례 요한에게 세례를 받으셨습니다. 세례는 안수의 형식으로 베푸는데, 세례 주는 이가 세례 받는 자의 머리에 손을 얹고 물에 잠갔다가 꺼내는 예식입니다. 예수님께서 받으신 세례는 구약의 희생제물이 받은 안수(按手)와 똑같은 것입니다. 세례 요한은 인류의 대표자(마 11:11)이며, 대제사장 아론의 후손(눅 1:5)입니다. 인류의 대표자인 세례 요한은 예수님의 머리에 안수의 형식으로 세례를 베풀어서 인류의 모든 죄를 단번에 예수님의 육체에 넘겼습니다. 그래서 예수님께서는 세례 요한에게 세례를 청하면서, **"이제 허락하라 우리가 이와 같이 하여 모든 의를 이루는 것이 합당하니라"**(마 3:15)고 명령하신 것입니다. 흠 없는 제물이 되기 위해서 육신을 입고 오신 하나님이 인류의 대표자인 세례 요한에게 안수의 형식으로 세례를 받은 그때에 인류의 모든 죄가 예수님께로 다 넘어갔습니다. 그래서 이 세상에는 **"모든 의"**가 이루어졌습니다. 예수님은 이제 **"세상 죄를 지고 가는 하나님의 어린양"**(요 1:29)이 되셔서 십자가를 향해 가셨습니다. 3년 후에 주님은 십자가에 못 박히셔서 당신의 피로써 인류의 죗값을 다 치르셨기에 **"다 이루었다"**(요 19:30)라고 크게 외치신 후 돌아가셨습니다. **"다 이루었다"**라는 주님의 선언은 "내가 세례를 통해서 넘겨

받은 너희들의 모든 죄를 다 갚았다!"라는 뜻입니다.

이와 같이 **유향**(乳香)이라는 예물은 예수님이 육신을 입고 오셔서 자기 몸으로 **"한 영원한 제사"**(히 10:12)를 드려 주신 것에 대한 신앙고백입니다. 유향은 복음을 계시합니다. 동방에서 온 현자들은 예수님을 찾아와서 "기쁜 소식" 즉 구원의 복음을 만났다고 신앙고백을 한 것입니다. 지옥 갈 수밖에 없는 자를 천국에 갈 수밖에 없는 자로 거듭나게 하는 것이 진리의 복음입니다. 우리는 일만 달란트의 빚을 진 자였는데 예수님께서 자신을 제물로 드려서 그 빚을 다 갚아 주셨습니다. 그러니 그것이 얼마나 "기쁜 소식"입니까? 동방에서 온 현자들은 만왕의 왕으로 오신 아기 예수께서 장차 자기들을 모든 죄에서 구원하실 것을 믿었습니다.

동방의 현자들이 세 번째로 드린 예물은 **"몰약"**(沒藥, myrrh)이었습니다. 몰약은 시신(屍身)이 썩지 않도록 방지하는 방부제입니다. 따라서 몰약은 부활과 영생을 상징합니다. 예수님께서는 세례와 십자가, 즉 **"물과 피로 임"**(요일 5:6)하셔서 우리들의 모든 죄를 완벽하게 없애 주시고 돌아가셨다가 사흘 만에 부활하셨습니다. 예수님은 마르다에게 **"예수께서 가라사대 나는 부활이요 생명이니 나를 믿는 자는 죽어도 살겠고 무릇 살아서 나를 믿는 자는 영원히 죽지 아니하리니 이것을 네가 믿느냐"**(요 11:25-26)라고 말씀하셨습니다. 예수님은 당신만 부활하신 것이 아니라, 당신의 복음을 믿는 우리들도 부활할 것을 약속하셨습니다. 동방에서 온 현자들은 자기들이 만난 예수님이 자기들을 구원하는 사역을 죽음으로 완수하신 후에 부활하실 것을 믿었습니다. 그리고 그런 신앙고백으로 몰약을 드렸습니다.

예수님을 제대로 만난 의인들의 신앙고백

　예수님을 제대로 만난 사람들은 동방에서 온 현자들과 같은 신앙을 고백합니다. 예수님께 **"황금과 유향과 몰약"**을 믿음의 예물로 드린 자는 거듭난 자이며 죽은 영이 아니라 산 영(靈)의 소유자입니다. 주님은 니고데모에게 **"사람이 물과 성령으로 나지 아니하면 하나님 나라에 들어갈 수 없느니라"**(요 3:5)고 말씀하셨습니다. 굼벵이가 탈바꿈을 하면 매미가 됩니다. 징그러운 굼벵이가 변해서 저렇게 아름다운 매미가 된다는 것은 참으로 신비한 일입니다. 그와 같이 마음에 죄가 가득했던 죄인이 진리의 **원형복음**(原形福音)을 만나서 믿음으로 단번에 죄 사함을 받고 의인이 되는 역사가 바로 거듭남의 축복입니다. 그리고 거듭나서 의인(義人)이 된 자들만 천국의 영생에 들어갑니다.

　예수님께서 태어나셨을 때 동방에서 현자들이 찾아왔는데 그들은 **"그의 별"**의 인도를 받아서 예수님을 정확하게 만날 수 있었습니다. 여러분도 거듭난 하나님의 종의 인도를 받아서 예수 그리스도를 정확히 만나게 되기를 바랍니다. 동방의 현자들은 아기 예수님을 만나서 **"황금과 유향과 몰약"**을 예물로 드렸습니다. 예수님을 제대로 만난 자들은 예수님이 하나님이시며 우리의 모든 죄를 대속하신 **"한 영원한 제사"**(히 10:12)를 드려 주셨고 이제는 부활하셔서 하나님 아버지의 우편에 앉아 계시다고 믿습니다.

　여러분도 예수님께 **"황금과 유향과 몰약"**을 예물로 드려 여러분의 참된 믿음을 고백하기 원하십니까? 여러분도 동방에서 온 현자들처럼 영원을 사모하는 자, 즉 지혜로운 자들이 되기를 바랍니다. 예수님은 만왕(萬王)의 왕입니다. 예수님께서는 받으신 세례와 십자가의 피로 우리를 모든 죄에서 온전하게 구원하신 구원자입니다. 예수님은 부활의 주님입니다. 이런 믿음이 여러분에게 있다면 여러분도 육신을 입고 오신 아기 예수님 앞에 **"황금과 유향과 몰약을 예물"**(마 2:11)로 드린 현자들입니다. 그리고 여러분은 이 세상에서 가장 지혜로운 자들입니다.

말씀을 마쳤습니다. 할렐루야!

언약을 성취하시는 하나님

"저희가 떠난 후에 주의 사자가 요셉에게 현몽하여 가로되 헤롯이 아기를 찾아 죽이려하니 일어나 아기와 그의 모친을 데리고 애굽으로 피하여 내가 네게 이르기까지 거기 있으라 하시니

요셉이 일어나서 밤에 아기와 그의 모친을 데리고 애굽으로 떠나가

헤롯이 죽기까지 거기 있었으니 이는 주께서 선지자로 말씀하신바 애굽에서 내 아들을 불렀다 함을 이루려 하심이니라

이에 헤롯이 박사들에게 속은줄을 알고 심히 노하여 사람을 보내어 베들레헴과 그 모든 지경 안에 있는 사내 아이를 박사들에게 자세히 알아본 그 때를 표준하여 두 살부터 그 아래로 다 죽이니

이에 선지자 예레미야로 말씀하신바

라마에서 슬퍼하며 크게 통곡하는 소리가 들리니 라헬이 그 자식을 위하여 애곡하는 것이라 그가 자식이 없으므로 위로 받기를 거절하였도다 함이 이루어졌느니라

헤롯이 죽은 후에 주의 사자가 애굽에서 요셉에게 현몽하여 가로되

일어나 아기와 그 모친을 데리고 이스라엘 땅으로 가라 아기의 목숨을 찾던 자들이 죽었느니라 하시니

요셉이 일어나 아기와 그 모친을 데리고 이스라엘 땅으로 들어오니라

그러나 아켈라오가 그 부친 헤롯을 이어 유대의 임금 됨을 듣고 거기로 가기를 무서워하더니 꿈에 지시하심을 받아 갈릴리 지방으로 떠나가

나사렛이란 동네에 와서 사니 이는 선지자로 하신 말씀에 나사렛 사람이라 칭하리라 하심을 이루려 함이러라"(마 2:13-23).

하나님께서는 당신의 언약(言約)을 반드시 성취하십니다. 하나님의 말씀은 한 점 한 획도 땅에 떨어지지 않고 다 이루어집니다. 오늘의 본문도 구약의 말씀들이 그대로 이루어졌음을 반복적으로 기록하고 있습니다. 저와 여러분은 오늘의 본문을 통해서 하나님의 말씀은 반드시 이루어진다는 믿음을 갖기를 바랍니다.

하나님의 말씀은 반드시 이루어집니다

우리는 세상을 살아가면서 많은 어려움에 부딪힙니다. 그때가 바로 하나님을 의지하고 하나님의 말씀을 붙들 때입니다. "**내가 산을 향하여 눈을 들리라 나의 도움이 어디서 올꼬 나의 도움이 천지를 지으신 여호와에게서로다**"(시 121:1-2)라고 기록되어 있습니다. 하나님께서는 당신을 의지하는 자의 산성이시며, 하나님의 말씀은 반드시 이루어집니다. 우리가 하나님의 약속의 말씀을 믿으면, 우리는 그 말씀대로 신실하게 성취하시는 하나님을 뵙게 됩니다.

"그러므로 염려하여 이르기를 무엇을 먹을까 무엇을 마실까 무엇을 입을까 하지 말라 이는 다 이방인들이 구하는 것이라 너희 천부께서 이 모든 것이 너희에게 있어야 할 줄을 아시느니라 너희는 먼저 그의 나라와 그의 의를 구하라 그리하면 이 모든 것을 너희에게 더하시리라"(마 6:31-33). 이 말씀은 하나님을 믿는 자들에게 약속하신 말씀입니다. 우리가 하나님을 믿고 살아가지만 날마다 부딪치는 여러 가지 어려움들과 앞날에 대한 염려가 참으로 많습니다. "무엇을 먹을까 무엇을 마실까 무엇을 입을까"—이런 걱정 없이 살아간다는 것도 결코 쉬운 일이 아닙니다. "내 나이가 벌써 70을 바라보는데, 벌어놓은 것은 없고 노후 대책도 없으니 앞으로 더 늙으면 어떻게 살아갈꼬? 또 이러다가 내가 큰 병이나 걸리면 우리 가족은 어떻게 되겠나?"—저는 이런 염려를 할 때가 있습니다.

그런데 주님은 **"너희 천부께서 이 모든 것이 너희에게 있어야 할 줄을 아시느니라"**라고 단언하셨습니다. 하나님은 우리 머리카락의 개수까지도 다 아십니다. 그러니 하나님의 자녀인 우리 의인들에게 필요한 것들을 하나님께서 모르실 리가 없습니다. 하나님께서는 거듭난 우리에게 "너희들은 염려할 것이 없다"라고 말씀하십니다. 우리가 생활에 꼭 필요한 부분이 있다면 하나님께 간구하면 됩니다. 우리가 먼저 하나님의 기뻐하시는 뜻을 좇는다면 우리가 살아가는데 필요한 것들은 하나님께서 때를 따라 다 공급하십니다. 물론 하나님의 응답이 더딜 때도 있습니다. 그러나 당장은 응답하심이 없을지라도 시간이 지나고 보면 하나님의 돌보시며 공급하시는 손길을 무수히 체험하게 됩니다. **"하나님을 사랑하는 자 곧 그 뜻대로 부르심을 입은 자들에게는 모든 것이 합력하여 선을 이루느니라"**(롬 8:28)고 말씀하셨습니다.

주님은 "너희는 먼저 그의 나라와 그의 의를 구하라 그리하면 이 모든 것을 너희에게 더하시리라"(마 6:33)고 약속하셨습니다. 저는 이 약속의 말씀을 믿습니다. 진리의 원형복음을 믿음으로 거듭난 우리들이 지향할 바는 **"그의 나라와 그의 의"**를 구하는 일입니다. 그래서 저는 할 수만 있으면 **"먼저 그의 나라와 그의 의"**를 추구합니다. 저는 참으로 부족하고 쓸모 없는 자입니다. 다만 하나님께서 우리를 모든 죄에서 구원하신 진리의 **원형복음**(原形福音)을 믿고 전파하기를 원해서 미력하나마 "앉은뱅이 용쓰듯" 용을 쓰고 있을 뿐입니다. 앉은뱅이가 용을 쓴들 얼마나 앞으로 나아가겠습니까? 그래도 하나님께서는 저와 저의 동역자들을 어여삐 보시고 풍족한 은혜를 베풀어 주셨습니다. 지금까지 허락하신 모든 일들이 다 하나님의 은혜이고 간증입니다. 하나님께서는 당신의 약속을 반드시 지키십니다.

우리는 복음을 전파하는 사역을 감당하면서 **"우리가 먹을 것과 입을 것이 있은즉 족한 줄로 알 것이니라"**(딤전 6:8)고 하신 주님의 말씀을 기억해야 합니다. 사람이 불행을 느끼는 것은 자기의 처지를 다른 이들과 비교하며 스스로 열등감을 느끼기 때문입니다. 어떤 이는 "더 좋은" 입을 것과 먹을 것, 그리고 "더 좋은" 집이나 차에 마음을 빼앗기기 때문에 스스로 자기를 불행하다고 단정합니다. 그러나 하늘에 소망을 둔 사람은 이 땅의 것들에 마음을 빼앗기지 않습니다. 믿음의 사람에게는 보이는 것들이 "잠깐"이고 보이지 않는 것들은 영원하기 때문입니다. 우리는 자족(自足)하는 마음이 있어야 합니다. 거듭난 우리는 하나님께서 기뻐하시는 일에 마음을 두고 복음을 전파하는 데에 전심하면 육신의 욕망을 능히 다스릴 수 있습니다.

참사(慘事)가 벌어지다

헤롯 왕은 자신이 동방에서 온 현자들에게 속았다는 사실을 깨닫고 군사들을 보내서 베들레헴 인근의 두 살 아래의 영아(嬰兒)들을 다 죽였습니다. 저항할 수도 없는 아기들을 다 죽였으니 얼마나 끔찍한 일입니까? 동방의 현자들을 처음 만났을 때에는 헤롯 왕이 "가서 아기에 대하여 자세히 알아 보고 찾거든 내게 고하여 나도 가서 그에게 경배하게 하라"(마 2:8)고 그들에게 말했습니다. 헤롯 왕이 거짓말을 했습니다. 사실 우리의 입에서 나오는 말과 우리의 본심은 다를 때가 많습니다. "사람은 다 거짓되되 오직 하나님은 참되시다"(롬 3:4)라고 말씀하셨습니다. 우리는 거짓된 존재들입니다. 우리의 입에는 "속임"의 샘이 있습니다. 우리는 과장하고 변명하는 혀를 가지고 있습니다. "말로 떡을 하면 조선 팔도가 다 먹는다"라는 그런 속담이 있습니다. 상대방이 듣기 좋은 말을 하지만 속마음은 그렇지 않습니다.

헤롯 왕처럼 우리도 거짓된 자들입니다. 그런데 하나님께서는 참되십니다. 우리는 하나님과 사람들 앞에서 외식(外飾)하지 않고 진실하게 행하는 사람을 일컬어 "진솔하다" 또는 "진정성(眞正性)이 있다"라고 말합니다. 사람은 진솔해야 합니다. 자기의 부족이나 잘못을 정직하게 인정하고 또 속마음을 솔직하게 표현하는 것이 좋습니다. 예수님은 하나님이시기 때문에 우리의 속마음도 다 아십니다. 예수님께서는 "너희는 너희 아비 마귀에게서 났으니 너희 아비의 욕심을 너희도 행하고자 하느니라 저는 처음부터 살인한 자요 진리가 그 속에 없으므로 진리에 서지 못하고 거짓을 말할 때마다 제 것으로 말하나니 이는 저가 거짓말장이요 거짓의 아비가 되었음이니라"(요 8:44)고 말씀하셨습니다. 저와 여러분은 근본 거짓되고 간사한 자들입니다. "겉 다르고 속 다르다"라는 속담대로 우리는 말과 마음이 다른 자들입니다. 우리는 자기에게 불리한 것은 다 감추고 유리한 것만 내어놓는 자들입니다. 헤롯 왕의 모습이 내 모습입니다. 말로는 선한 척하지만 실제로는 자기에게 해가 될 것 같으면 거짓말을 하고 무고한 이들을 죽이는 자들이 우리 인간입니다. 자기 자신이 그렇게 악하고 더러운 자라는 사실을 우리는 인정해야 합니다.

그런데 그렇게 간사하고 거짓된 자들을 구원하시기 위해서 주님께서 우리 가운데 육신을 입고 아기 예수로 오셨습니다. 우리는 근본 사단 마귀의 추악한 죄로 오염된 자들인데 예수님께서는 그런 우리를 멀리하지 않으시고 오히려 육신을 입고 우리 가운데로 오셔서 우리를 모든 죄와 허물에서 구원하셨습니다. 이 땅에 육신을 입고 오신 성자(聖子) 하나님께서는 우리의 근본을 아시기 때문에 자신을 우리에게 위탁하지 않으시고 묵묵히 당신의 길을 가셨습니다. 우리와 협의하거나 도와달라고 요청하지 않으시고, 당신의 몸을 우리에게 위탁하지 않으시고 홀로 인류 구원의 사역을 완성하셨습니다. 예수님은 인류 전체의 흠 없는 제물이 되기 위해서 육체로 임하셨고 인류의 대표자인 세례 요한에게 안수의 형식으로 세례를 받으심으로 **"세상 죄를 지고 가는 하나님의 어린양"**(요 1:29)이 되셨습니다. 주님은 십자가에 못 박혀 온몸의 피를 다 쏟으시고 **"다 이루었다"**(요 19:30)라고 외치시고 돌아가셨습니다. 저와 여러분의 모든 죄와 허물을 다 없애 주시는 구원의 사역을 주님께서 다 이루셨습니다. 주님께서는 구약성경에 기록된 하나님의 모든 약속을 다 이루셨습니다. 하나님은 당신의 언약을 반드시 이루시는 하나님입니다.

예수님과 함께하면 안전합니다

예수님의 양아버지인 요셉과 육신의 어머니인 마리아는 많은 위험과 곤고함 중에도 하나님의 인도와 보호 속에 무사히 나사렛 땅에 돌아와서 살았습니다. 일가족이 몰살당할 뻔한 고비가 얼마나 많았겠습니까? 애굽은 아주 멀고 낯선 곳입니다. 그들은 아기 예수님을 모시고 헤롯의 손길이 닿지 않는 이방 땅 애굽까지 내려갔는데, 거기에는 아무 지인이나 친척도 없었습니다. 요셉과 마리아는 애굽 땅에 내려가서 몸 붙여서 살다가 상당한 시간이 지나서 헤롯이 죽은 후에야 고향 땅에 돌아왔는데 그들이 그 먼 여정에서 무사히 생명을 보존해서 돌아올 수 있었던 것은 전적으로 예수님 덕분입니다.

예수님과 함께하면 우리는 안전합니다. 한번은 예수님께서 갈릴리 호수 건너편으로 가시려고 제자들과 함께 배를 타셨는데, 예수님께서는 피곤하셔서 뱃머리에서 쿨쿨 잠드셨습니다. 그런데 풍랑이 너무 세게 일어나서 배가 뒤집힐 지경이 되자 베드로와 제자들이 예수님을 급히 흔들어 깨웠습니다. "우리는 물에 빠져 죽게 되었는데 주님은 잠만 주무시냐?"라고 불만을 토로한 셈입니다. 예수님께서 일어나셔서 **"어찌하여 무서워하느냐 믿음이 적은 자들아"** (마 8:26)라고 제자들을 책망하셨습니다. 그리고 예수님이 요동치는 바다를 향해서 꾸짖으시자 바다가 잠잠해졌습니다. 예수님은 만왕(萬王)의 왕이시고 우주의 주인입니다. 우리가 예수님과 함께하면 우리는 절대적으로 안전합니다.

하나님의 교회는 예수님과 함께합니다. 예수님께서 우리 가운데 계십니다. 우리가 예수님을 모시고 있는 한 우리는 절대로 안전하며 결코 망하지 않습니다. 문제는 우리 마음에 진정으로 예수님을 "나의 왕"으로 모시고 있느냐는 것입니다. **"너희가 믿음에 있는가 너희 자신을 시험하고 너희 자신을 확증하라 예수 그리스도께서**

너희 안에 계신 줄을 너희가 스스로 알지 못하느냐 그렇지 않으면 너희가 버리운 자니라"(고후 13:5)고 말씀하셨습니다. 많은 기독교인들이 입술로는 주님을 왕이라고 부르지만 실제로 그들의 마음에 자리 잡고 있는 왕은 자기 자신이며 재물입니다. "하나님과 재물 중에서 누가 나의 중심에 좌정한 왕인가?"—진솔하게 자기의 마음 중심을 들여다보십시오. 자기 마음에 예수님께서 왕으로 살아 계신 자는 절대로 망하지 않습니다. 망할 지경이 되면 주님이 번쩍 안아서 안전한 곳으로 옮겨 놓으십니다. 주님은 우리가 시험을 당할 즈음에 피할 길도 주십니다.

물론 주님은 죽을 것만 같은 고난을 주시기도 합니다. 그것은 우리의 의나 고집을 깨뜨려서 순전히 주님만 바라보게 하기 위해서 그렇게 하시는 것입니다. 주님께서 우리에게도 어려움을 많이 주시는데 그것은 감사한 일입니다. 그런 어려움을 통과해야 우리 마음의 잘못된 찌끼들이 제거됩니다. 사람이 시험에 드는 것은 다 쓸데없는 욕망 때문입니다. 우리가 이 세상의 헛된 것들을 사랑해서 그것들을 따라가기 때문에 시험에 빠지는 것입니다. 하나님께서 어려움을 주셔서 우리의 마음이 깨지고 마음의 찌끼들이 제거되면 우리는 마음의 중심에 주님을 왕으로 온전히 모시고 주님 말씀을 순종하게 됩니다. 그러면 우리는 절대로 안전합니다. 예수님과 함께 탔던 배는 거센 풍랑에도 침몰하지 않고 목적지에 도달했듯이 예수님을 모신 진리의 교회 안에 거하면 여러분은 절대로 안전하게 하늘 본향에 도달할 것입니다. 하나님의 인도와 보호와 축복이 예수님을 왕으로 모신 하나님의 교회 안에 풍성합니다.

하나님의 언약의 말씀은 반드시 이루어집니다. 사람은 거짓되고 하나님께서는 참되십니다. 예수님을 왕으로 모시는 우리는 절대로 안전하고 결코 망하지 않습니다. 예수님과 함께했던 요셉과 마리아가 그 멀고도 험한 여정 동안에 하나님의 인도하심과 보호를 받아서 무사히 고향 나사렛으로 돌아올 수 있었습니다. 우리를 눈동자처럼 지키시는 하나님께 감사를 드립니다.

말씀을 마쳤습니다.

하나님께서 보내신 종, 세례 요한

"그 때에 세례 요한이 이르러 유대 광야에서 전파하여 가로되 회개하라 천국이 가까왔느니라 하였으니

저는 선지자 이사야로 말씀하신 자라 일렀으되 광야에 외치는 자의 소리가 있어 가로되 너희는 주의 길을 예비하라 그의 첩경을 평탄케 하라 하였느니라

이 요한은 약대 털옷을 입고 허리에 가죽띠를 띠고 음식은 메뚜기와 석청이었더라

이때에 예루살렘과 온 유대와 요단강 사방에서 다 그에게 나아와

자기들의 죄를 자복하고 요단강에서 그에게 세례를 받더니

요한이 많은 바리새인과 사두개인이 세례 베푸는데 오는 것을 보고 이르되 독사의 자식들아 누가 너희를 가르쳐 임박한 진노를 피하라 하더냐

그러므로 회개에 합당한 열매를 맺고

속으로 아브라함이 우리 조상이라고 생각지 말라 내가 너희에게 이르노니 하나님이 능히 이 돌들로도 아브라함의 자손이 되게 하시리라

이미 도끼가 나무 뿌리에 놓였으니 좋은 열매 맺지 아니하는 나무마다 찍어 불에 던지우리라

나는 너희로 회개케 하기 위하여 물로 세례를 주거니와 내 뒤에 오시는 이는 나보다 능력이 많으시니 나는 그의 신을 들기도 감당치 못하겠노라 그는 성령과 불로 너희에게 세례를 주실 것이요

손에 키를 들고 자기의 타작 마당을 정하게 하사 알곡은 모아 곡간에 들이고 쭉정이는 꺼지지 않는 불에 태우시리라"(마 3:1-12).

세례 요한은 인류의 구원사역에 있어서 아주 중요한 역할을 하도록 하나님께서 보내신 인물입니다. 예수님은 세례 요한에 대해서 **"여자가 낳은 자 중에 세례 요한보다 큰이가 일어남이 없도다"**(마 11:11)라고 증거하셨는데, 이 말씀은 "세례 요한은 인류 전체의 대표자"라는 뜻입니다. 또 세례 요한은 레위 지파 중에서도 대제사장 아론의 후손입니다. 그의 아버지 사가랴는 아론의 손자인 아비야 반열(班列)의 제사장이었고 그의 어머니 엘리사벳도 아론의 후손이었습니다(눅 1:5). 그러니까 신라 시대의 표현을 쓰자면, 세례 요한은 대제사장 아론의 성골(聖骨) 후손입니다.

그러나 예수님은 하나님의 외아들이고 세례 요한은 분명히 사람의 아들입니다. 사가랴와 엘리사벳은 아주 늙었었는데, 하나님의 능력으로 두 분 노부모에게서 태어난 사람이 세례 요한입니다. 우리는 하나님의 구원의 역사 안에서 세례 요한의 사명과 사역을 이해해야 합니다. 그렇지 못한 사람들이 세례 요한에 대해서 엉뚱한 소리를 많이 합니다. 저는 한신대학교 출신의 유명 인사 김○○씨가 요한복음을 강해한 동영상을 인터넷에서 본 적이 있습니다. 그는 예수님과 예수님의 제자들이 다 세례 요한의 제자였다고 주장했습니다. 물론 사도 요한이나 베드로의 동생 안드레는 예수님의 제자가 되기 전에 요한의 제자였습니다. 그러나 그것만으로 "예수 그리스도와 그의 제자들이 세례 요한의 제자들이었는데, 그에게서 분파되어서 기독교를 창시했다"라는 그의 주장은 터무니없는 소리입니다. 오늘의 본문 말씀에도 세례 요한은 "**내 뒤에 오시는 이는 나보다 능력이 많으시니 나는 그의 신을 들기도 감당치 못하겠노라**"(마 3:11)고 스스로 고백하지 않았습니까? 예수님은 근본 성자(聖子) 하나님이시고 세례 요한은 하나님 아버지께로부터 보내심을 받은 자이며 인류의 대표자입니다. 예수님은 우리를 죄에서 구원하기 위해서 육신을 입고 오신 하나님이고, 세례 요한은 예수님의 피조물인 인간입니다. 다만 세례 요한은 예수님께서 우리 인류를 모든 죄에서 구원하시는 사역에 있어서 중요한 역할을 하도록 하나님께서 특별한 사명을 위탁해서 보내신 종입니다.

구약성경의 마지막 책인 말라기(Malachi)서에 기록된 말씀대로, 세례 요한은 "**오리라 한 엘리야**"(마 11:14)입니다: "**보라 여호와의 크고 두려운 날이 이르기 전에 내가 선지 엘리야를 너희에게 보내리니 그가 아비의 마음을 자녀에게로 돌이키게 하고 자녀들의 마음을 그들의 아비에게로 돌이키게 하리라 돌이키지 아니하면 두렵건대 내가 와서 저주로 그 땅을 칠까 하노라 하시니라**"(말 4:5-6). 구약성경과 신약성경의 주인공은 예수 그리스도이지만, 그 연결 고리가 되는 분은 세례 요한입니다. 성막(聖幕)을 덮는 첫 번째 앙장은 전적으로 예수 그리스도의 신성과 구원의 사역을 계시합니다. 그런데 성막을 두 번째로 덮는 두 폭의 염소 털 앙장(仰帳)들은 50개의 고와 놋 갈고리(loops and thatched of brass)로 연결되는데(출 26:10-11), 세례 요한은 마치 그 놋 갈고리와 같은 역할을 하고 있습니다.

그렇기 때문에 모든 복음서가 각각 그 서두(書頭)에 오리라 한 종 세례 요한에 대해서 소개하고 있습니다. 특별히 요한복음은 "**태초부터 계셨던 생명의 참 빛**"으로 예수님을 소개하고 나서 바로 세례 요한을 소개합니다: "**하나님께로서 보내심을 받은 사람이 났으니 이름은 요한이라 저가 증거하러 왔으니 곧 빛에 대하여 증거하고 모든 사람으로 자기를 인하여 믿게 하려 함이라 그는 이 빛이 아니요 이 빛에 대하여 증거하러 온 자라**"(요 1:6-8). 예수님은 모든 어두움(죄들)을 몰아내기 위해서 오신 "**참 빛**"이고 세례 요한은 그 "**참 빛**"을 소개하고 증거하러 온 하나님의 종입니다. 세례 요한은 주의 길을 예비해서 사람들로 하여금 예수님을 믿고 구원을 얻게 하려고 "**하나님께로서 보내심을 받은 사람**"입니다.

오늘의 본문은 "**그때에 세례 요한이 이르러 유대 광야에서 전파하여 가로되 회개하라 천국이 가까왔느니라 하였으니 저는 선지자 이사야로 말씀하신 자라 일렀으되 광야에 외치는 자의 소리가 있어 가로되 너희는 주의 길을 예비하라 그의 첩경을 평탄케 하라 하였느니라**"(마 3:1-3)고 세례 요한의 사역을 소개합니다. 세례 요한은 자신의 정체를 묻는 자들에게 자기는 "**광야에서 외치는 자의 소리**"(요 1:23)라고 자신을 소개했습니다. 이사야서에 "**외치는 자의 소리여 가로되 너희는 광야에서 여호와의 길을 예비하라 사막에서 우리 하나님의 대로를 평탄케 하라**"(사 40:3)고 기록된 말씀대로 세례 요한은 왕이신 예수님이 모든 사람들의 마음에 들어가실 수 있도록 "**주의 길**"을 예비하러 온 분입니다.

세례 요한의 사역

세례 요한의 사역은 "**모든 골짜기가 메워지고 모든 산과 작은 산이 낮아지고 굽은 것이 곧아지고 험한 길이 평탄하여질 것이요**"(눅 3:5)의 말씀으로 요약될 수 있습니다. 세례 요한은 마음이 교만한 자의 마음을 깨뜨려서 자기의 악함과 부족함을 시인하게 하고, 또 자기의 모습에 너무 실망해서 "나 같은 자는 구원받을 자격조차 없어요" 하고 좌절한 자들에게는 "그렇지 않다! 하나님은 너희와 같은 자를 구원하려고 너희와 같이 낮은 모습으로 이 땅에 오셨다"라고 그들의 마음을 북돋아 주었습니다. 세례 요한은 회개한 자들에게 만왕(萬王)의 왕이신 주님을 소개하면서 주님이 그들의 마음에 들어가실 수 있도록 주의 길을 예비했습니다: **"나는 너희로 회개케 하기 위하여 물로 세례를 주거니와 내 뒤에 오시는 이는 나보다 능력이 많으시니 나는 그의 신을 들기도 감당치 못하겠노라 그는 성령과 불로 너희에게 세례를 주실 것이요 손에 키를 들고 자기의 타작 마당을 정하게 하사 알곡은 모아 곡간에 들이고 쭉정이는 꺼지지 않는 불에 태우시리라"**(마 3:11-12). 이와 같이 세례 요한은 마음을 돌이켜서 회개한 이들에게 구원자로 오실 주님을 기다리도록 가르쳤습니다.

사가랴에게 그의 아내 엘리사벳이 아들을 낳을 것이라는 말씀을 전한 천사는 **"저가 또 엘리야의 심령과 능력으로 주 앞에 앞서 가서 아비의 마음을 자식에게, 거스리는 자를 의인의 슬기에 돌아오게 하고 주를 위하여 세운 백성을 예비하리라"**(눅 1:17)고 세례 요한의 사역에 대해 예언하였습니다. 세례 요한은 **"엘리야의 심령과 능력"**(눅 1:17)으로 사역했습니다. 엘리야는 이스라엘 나라가 남북 왕조로 나누어져 분쟁하고 있을 때에, 북 왕조 이스라엘의 선지자였습니다. 그가 활동했던 시대는 아합 왕과 이방 여자인 왕비 이세벨이 패역한 통치를 하던 시대였으며 이스라엘 백성들은 하나님을 버리고 우상숭배에 빠져 있었습니다. 엘리야는 많은 이적을 베풀었고 그의 사역이 끝나서는 제자 엘리사가 보는 앞에서 불 병

거를 타고 승천(昇天)했습니다. 엘리야는 죽음을 보지 않고 하늘로 들려 올라갔습니다. 그래서 유대인들에게는 "하나님의 종 엘리야는 언젠가 다시 온다"라는 소망과 믿음이 있었습니다.

엘리야의 사역은 **"아비의 마음을 자식에게, 거스리는 자를 의인의 슬기에 돌아오게"** 하는 일이었습니다. 엘리야는 하나님께서 자기 백성을 긍휼히 여기시도록 간구했고, 또 그는 이스라엘 백성들이 우상을 버리고 마음을 하나님께로 돌이키도록 권면했습니다. 세례 요한은 광야에 거하면서 **"엘리야의 심령"**(눅 1:17)으로 백성들을 책망해서 그들의 마음을 하나님께로 향하게 하는 사역을 했습니다. 세례 요한은 외모도 디셉 사람 엘리야와 같았습니다. 성경은 엘리야에 대해서 **"털이 많은 사람인데 허리에 가죽 띠를 띠었"**(왕하 1:8)다고 기록하고 있는데, 세례 요한에 대해서는 **"이 요한은 약대 털옷을 입고 허리에 가죽띠를 띠고 음식은 메뚜기와 석청이었더라"**(마 3:4)고 기록하고 있습니다.

엘리야가 행한 능력의 압권은 **"갈멜산의 역사(役事)"**입니다. 3년여의 가뭄이 끝날 때쯤에 엘리야는 아합 왕과 연합해서 바알이라는 우상을 섬기는 거짓 선지자 450명과 아세라 여신을 섬기는 거짓 선지자 400명, 도합 850명과 갈멜산에서 영적 대결을 펼쳤습니다. 1:850의 대결이었습니다. 각각 송아지를 잡아서 제단 위의 장작더미에 올려놓고, 먼저 거짓 선지자들이 자기들의 신들에게 기도했습니다. "바알 신이여, 아세라 신이여, 불을 내려서 이것을 태워서 바알 신이 참 신인 것을 알게 하소서"—이렇게 한나절을 지나 저녁 무렵까지 외쳐 댔는데도 불이 내리지 않자, 그들은 스스로 칼과 창으로 상처를 내서 피를 흘리며 발광했습니다. 이에 엘리야는 백성들을 가까이 불러서 이스라엘의 열두 지파 수대로 열두 돌을 취하여 단을 쌓고 그 주변에 도랑을 파게 했습니다. 그리고 단 위에 나무를 벌여놓고 그 나무들 위에 송아지를 얹은 후에 도랑에 물이 넘치기까지 물을 부었습니다. 저녁 소제 드릴 때에 선지자 엘리야는 **"여호와여 내게 응답하옵소서 내게 응답하옵소서 이 백성으로 주 여호와는 하나님이신 것과 주는 저희의 마음으로 돌이키게 하시는 것을 알게 하옵소서"**(왕상 18:37) 하고 하나님께 기도를 드렸습니다. 그러자 여호와의 불이 내려서 번제물과 나무와 돌과 흙을 태우고 또 도랑의 물까지 바싹 말려 버렸습니다. 이로써 여호와 하나님만이 참 신(神)이라는 사실이 입증되었습니다. 그러자 엘리야의 명을 받은 백성들은 일제히 일어나서 850명의 거짓 선지자들을 다 쳐 죽였습니다. 엘리야는 그렇게 백성들의 마음을 하나님께로 돌이키게 했습니다.

세례 요한도 **"엘리야의 심령"**(눅 1:17)으로 백성들의 마음을 하나님께로 돌이키게 했습니다. 자기가 그동안 하나님을 버리고 우상을 섬겼노라고 자백하고 하나님께로 돌이킨 자에게 세례 요한은 물로 세례를 베풀었습니다. 그 세례가 바로 요한의 세례입니다. 요한은 진정으로 마음을 돌이킨 자에게 "너는 진정으로 회개를 했고 너는 하나님의 구원을 받아들일 자격이 있다"라는 표로 세례를 주었습니다. 회개에 합당한 열매를 맺고 나온 자, 하나님을 경외하고 진정 마음으로 돌이켜서 하나님께 긍휼을 바라며 나온 자들에게 요한은 세례를 베풀었습니다. 세례 요한 앞에 바리새인과 사두개인들도 많이 나왔습니다. 바리새인은 율법주의자(律法主義者)들이고 사두개인은 세속주의자(世俗主義者)들입니다. 바리새인들(the Pharisees)은 율법의 행위로 구원을 받으려는 자들이고 사두개인들(the Sadducees)은 하나님을 믿는다고는 하지만 영생보다는 이 세상에서 잘 먹고 잘 사는 데에 더 관심이 있는 자들입니다. 그래서 사두개인들은 "부활이 없다"라고 주장했습니다. 그들에게는 세례 요한이 세례를 주지 않았습니다.

오늘날 기독교인들도 어찌 보면 현대판 사두개인들과 바리새인들이라고 부를 수 있습니다. 많은 기독교인들이 율법의 행위에 묶여서 신앙생활을 합니다. 율법을 잘 지키면 신앙생활을 잘하는 것인 줄 알고, 그렇지 못하면 신앙생활이 잘못된 줄 압니다. 그들은 하나님께서 율법을 주신 뜻을 오해하고 있습니다. 율법은 지키라고 주신 것이 아닙니다. 여러분은 율법을 온전히 지킬 수 있습니까? **"누구든지 온 율법을 지키다가 그 하나에 거치면 모두 범한 자가 되나니"**(약 2:10)라고 말씀하셨습니다. 모든 계명을 잘 지키다가 그중 하나를 범하면 온 율법을 깨뜨린 셈입니다. **"그러므로 율법의 행위로 그의 앞에 의롭다 하심을 얻을 육체가 없나니 율법으로는 죄를 깨달음이니라"**(롬 3:20)고 말씀하셨습니다. 율법은 죄를 깨달으라고 준 것인데, 기독교인들은 현대판 바리새인이 되어서 율법을 주신 하나님의 뜻을 오해하고 생명을 걸고 율법을 지키는 것이 바른 신앙이며 하나님을 섬기는 예인 줄 압니다.

또 많은 기독교인들이 영원한 세계, 즉 천국과 지옥을 믿지 않습니다. 얼마 전에 연세대학교 철학과에서 강의하셨던 김OO 교수가 TV에 나와서 특강을 했습니다. 저도 학부에 다닐 때에 그분의 역사철학 강의를 들은 적이 있습니다. 그분은 지금 93세인데, 대대(代代)로 기독교 집안의 출신입니다. 이제 그분도 죽음을 앞두고 있는데 내세(來世)에 관하여 전혀 말씀을 하지 않고 "이 땅에서 건강하고 행복하게 살다 죽으면 된다. 이 땅에 와서 살다가 좋은 흔적을 남기고 가면 된다"라는 얘기만 하고 끝냈습니다. 물론 TV 방송이니까 신앙의 문제를 본격적으로 거론할 수는 없었겠지만, 진정으로 거듭난 자라면 "현세의 건강이나 행복만이 전부"라고 얘기할 수는 없을 것입니다. 내세를 믿지 않는 자들이 현대판 사두개인들입니다. 그리고 사두개인들로 가득 찬 오늘날의 기독교가 세속화되고 타락하는 것은 당연한 일입니다. 하나님께서 우리에게 주시고자 하는 것은 천국의 영원한 생명입니다. 하나님은 우리가 이 땅에 좋은 흔적을 남기고 가는 것만을 바라지는 않습니다.

바리새인들과 사두개인들도 세례 요한에게 나왔습니다. 그러나 그들은 진정으로 회개한 자들이 아니었습니다. 세례 요한은 그들에게, "독사의 자식들아 누가 너희를 가르쳐 임박한 진노를 피하라 하더냐 그러므로 회개에 합당한 열매를 맺고 속으로 아브라함이 우리 조상이라고 생각지 말라 내가 너희에게 이르노니 하나님이 능히 이 돌들로도 아브라함의 자손이 되게 하시리라 이미 도끼가 나무 뿌리에 놓였으니 좋은 열매 맺지 아니하는 나무마다 찍어 불에 던지우리라"(마 3:7-10)고 경고했습니다. "회개에 합당한 열매" 또는 "좋은 열매"란 무엇입니까? 기독교인들은 "좋은 열매"를 선행(善行)으로 생각합니다. 대부분의 사람들은 "하나님 앞에서 선행을 많이 하면 하나님께로부터 구원을 받고 악한 행실, 즉 나쁜 열매를 많이 맺으면 지옥에 간다"라고 믿습니다. 그렇다면 하나님의 구원과 심판이 우리 행위에 달린 것입니까? 천국은 죄가 전혀 없는 의인들만이 들어갑니다. 우리가 율법을 잘 지키고 선행을 많이 한다고 하나님께로부터 "의롭다 함"을 얻습니까? 그렇지 않습니다. 인간의 행위를 기준으로 한다면 아무도 구원받을 자가 없습니다. "그러므로 율법의 행위로 그의 앞에 의롭다 하심을 얻을 육체가 없나니 율법으로는 죄를 깨달음이니라"(롬 3:20)고 성경은 분명히 말씀합니다. 하나님의 절대적인 선의 기준인 율법의 거울에 자기를 정직하게 비추어 보면, "나는 의롭습니다" 하고 스스로 인정할 수 있는 자는 결코 없습니다.

우리 인간이 맺을 수 있는 좋은 열매는 예수 그리스도께서 완성시켜 주신 진리의 원형복음(原形福音)을 믿어서 의인으로 거듭나는 것이며, 거듭난 후에는 그 의의 복음을 전파하는 삶입니다. 즉 **"그의 나라와 그의 의"**(마 6:33)를 구하는 삶이 바로 좋은 열매입니다. 그러므로 **"죄 사함으로 말미암는 구원"**(눅 1:77)을 받은 의인들만 좋은 열매를 맺을 수 있습니다. 나무는 사람을 말하는데, 죄 사함을 받은 의인들만이 좋은 열매를 맺을 수 있습니다. 좋은 열매란 **"하나님의 의"**가 마음에 자리 잡아서 하나님의 복음을 믿고 전파하는 삶을 의미합니다. 그래서 사도 바울도 빌립보의 성도들을 위해서, **"너희로 지극히 선한 것을 분별하며 또 진실하여 허물 없이 그리스도의 날까지 이르고 예수 그리스도로 말미암아 의의 열매가 가득하여 하나님의 영광과 찬송이 되게 하시기를 구하노라"**(빌 1:10-11)고 기도했습니다. 그러나 물과 피의 복음 안에 충만한 하나님의 의를 알지 못해서 자기의 의를 내세우며 인간의 선행을 자랑하는 것은 나쁜 열매입니다. 하나님의 의를 잘 알고 전파하는 자들이 좋은 열매를 맺는 나무이고, 나쁜 열매를 맺는 나무란 자기의 옳음을 자랑하며 자기의 욕망을 추구하는 자들을 뜻합니다. 좋은 열매를 맺지 못하는 나무는 다 지옥의 영원한 심판을 받을 것입니다.

세례 요한의 두 번째 사역

세례 요한의 첫 번째 사역은 이스라엘 백성들을 책망해서 그들의 마음을 하나님께로 돌이키게 하는 일이었습니다. 그래서 그는 진정으로 돌이킨 자들에게 "회개의 표"로 세례를 베풀며 예수 그리스도를 소개했습니다: "**나는 너희로 회개케 하기 위하여 물로 세례를 주거니와** 내 뒤에 오시는 이는 나보다 능력이 많으시니 나는 그의 신을 들기도 감당치 못하겠노라 그는 성령과 불로 너희에게 세례를 주실 것이요 손에 키를 들고 자기의 타작 마당을 정하게 하사 알곡은 모아 곡간에 들이고 쭉정이는 꺼지지 않는 불에 태우시리라"(마 3:11-12).

세례 요한의 두 번째 사역은 예수님께 세례를 베푼 일입니다. 그리고 이 사역이 하나님께서 세례 요한을 이 땅에 보내신 궁극적인 목적입니다. "**이제 허락하라 우리가 이와 같이 하여 모든 의를 이루는 것이 합당하니라**"(마 3:15)고 하신 예수님의 명령에 순종해서 세례 요한은 예수님의 머리에 안수(按手)의 형식으로 세례를 베풀었습니다. 안수는 죄를 희생제물에게 넘기는 하나님의 법입니다. 인류의 대표자인 요한이 "**이와 같이**" 안수의 형식으로 예수님의 머리에 베푼 "**그 세례**"(행 10:37, the Baptism)로 말미암아 세상 죄가 예수님께로 단번에 넘어갔고 이 세상에는 "**모든 의**"가 이루어졌습니다. 이 사역을 순종함으로써 세례 요한은 하나님께서 자기에게 위탁하신 사명을 완수하고 잠잠히 역사의 장막 뒤로 퇴장했습니다. 하나님이 세례 요한을 이 땅에 보내신 궁극적인 목적은 바로 세상 죄를 하나님의 어린양으로 오신 예수님께 넘기는 세례를 베풀기 위해서였습니다.

세례 요한이 백성들에게 베풀었던 회개의 세례와 예수님에게 베푼 세례가 어떻게 다릅니까? 세례 요한은 하나님께 돌이켜서 구원을 바라고 나오는 자들에게, "너희들은 진정으로 회개했고 예수 그리스도를 만날 준비가 되었다"라는 표로 물로 "회개의 세례"를 주었습니다. 그는 심령이 가난한 자들에게 물로 세례를 주면서 그들에게 예수 그리스도를 소개했습니다. 세례 요한도 아직 누가 그리스도로 오신 성자 하나님인지를 몰랐습니다. 그런데 예수님께서 세례를 청하시며 그에게 다가올 때에야 예수님이 그리스도인 줄 알았습니다: **"나도 그를 알지 못하였으나 나를 보내어 물로 세례를 주라 하신 그이가 나에게 말씀하시되 성령이 내려서 누구 위에든지 머무는 것을 보거든 그가 곧 성령으로 세례를 주는 이인줄 알라 하셨기에 내가 보고 그가 하나님의 아들이심을 증거하였노라"** (요 1:33-34).

요한의 세례는 진정으로 하나님께로 돌이킨 자들에게 회개의 표로 준 것입니다. 즉 요한의 세례는 "나는 죄인입니다. 나를 불쌍히 여겨 주십시오" 하고 시인하게 하는 세례였다면, 예수님께서 베풀어 주시는 세례는 죄를 깨끗이 없애 주는 세례입니다. 예수님께서는 **"성령과 불"**로 세례를 베푸십니다. 성령님은 거룩한 하나님이시기 때문에 죄인의 마음에는 절대로 임하시지 않습니다. 베드로는 오순절 설교에서 **"너희가 회개하여 각각 예수 그리스도의 이름으로 세례를 받고 죄 사함을 얻으라 그리하면 성령을 선물로 받으리니"(행 2:38)**라고 선포했습니다. 하나님께서는 진리의 원형복음을 믿음으로 죄 사함을 받은 자들에게만 성령을 선물로 주십니다.

그러면 불로 주는 세례란 무엇입니까? 지옥의 영원한 형벌입니다. 예수 그리스도께서는 자기를 드려서 완성하신 **"물과 피의 복음"**

을 믿는 자들에게는 성령으로 세례를 주시고, 하나님의 진리의 사랑을 거부한 자에게는 영원한 지옥불로 세례를 주십니다. 성령과 불로써 세례를 주시는 능력의 하나님이 바로 예수님입니다. 예수님께서는 진리의 복음에 담겨 있는 **"하나님의 의"**(롬 1:17)를 믿는 자들의 모든 죄를 흰 눈같이 없애 주시지만, 진리의 복음을 믿지 않는 자들은 반드시 지옥에 보내시는 공의(公義)한 분입니다. 세례 요한은 하나님께서 자기에게 맡기신 사역이 무엇인지를 정확히 알고 순종했던 하나님의 종입니다.

 말씀을 마쳤습니다.

받으신 세례로
모든 의를 이루신 주님

"이 때에 예수께서 갈릴리로서 요단강에 이르러 요한에게 세례를 받으려 하신대

요한이 말려 가로되 내가 당신에게 세례를 받아야 할 터인데 당신이 내게로 오시나이까

예수께서 대답하여 가라사대 이제 허락하라 우리가 이와 같이 하여 모든 의를 이루는 것이 합당하니라 하신대 이에 요한이 허락하는지라

예수께서 세례를 받으시고 곧 물에서 올라 오실쌔 하늘이 열리고 하나님의 성령이 비둘기 같이 내려 자기 위에 임하심을 보시더니

하늘로서 소리가 있어 말씀하시되 이는 내 사랑하는 아들이요 내 기뻐하는 자라 하시니라"(마 3:13-17).

예수님께서 세례 요한에게 안수의 형식으로 받으신 "그 세례"(행 10:37 the Baptism)는 우리의 구원에 있어서 절대적으로 중요합니다. 그래서 모든 복음서가 예수님께서 받으신 세례에 대해서 기록하고 있습니다만, 그중에서 마태복음이 예수님의 세례를 가장 자세히 기록하고 있습니다. 예수님의 탄생에 대해서는 4복음서가 다 기록하지는 않았습니다. 마태복음과 누가복음에는 예수님의 탄생에 관한 말씀이 있지만 마가복음이나 요한복음에는 예수님의 탄생에 관한 기록이 없습니다. 오늘날의 기독교는 성탄절을 가장 크

게 기념하고 기억하는데, 초대교회 시절에는 **"예수님의 세례축일 (洗禮祝日)"**이 교회의 가장 큰 기념일이었습니다. 오늘은 "예수님께서 왜 세례를 받으셔야 했는가?" 그리고 "예수님의 세례가 우리의 구원에 있어서 무슨 의미가 있는가?" 하는 부분에 말씀을 드리고자 합니다.

하나님이신 예수님께서는 왜 인간인 세례 요한에게 세례를 받으셨나?

예수님은 육체를 입고 오신 성자(聖子) 하나님입니다. 예수님은 하나님 아버지의 뜻을 좇아서 말씀으로 우주를 지으신 전능한 신(神)입니다. 우리의 육신의 눈에 보이지 않는 영이신 하나님이 우리와 같은 육신을 입고 우리 가운데 오셨습니다. 그분이 바로 예수 그리스도입니다. 예수님께서는 갈릴리의 나사렛이란 마을에서 가족들을 돌보시면서 조용히 때를 기다리시다가, **"이때에"** 세례 요한에게 세례를 받으시러 요단강으로 나오셨습니다. **"이때"**는 제사장이 기름부음을 받는 나이, 즉 서른 살이 되셨을 때를 의미합니다. 예수님께서는 서른 살이 되셨을 때에 드디어 요단강으로 나오셔서 세례 요한에게 세례를 받으셨습니다.

여기에서 "하나님이신 예수님이 왜 인간에게 머리를 숙이시고 세례를 받았느냐?"라는 의문이 일어납니다. 많은 기독교인들이 이 질문을 합니다. 그리고 설교자들과 성경학자들은 말도 되지 않는 대답을 내놓았습니다. 그들의 엉터리 대답 중에 제일 많은 것이 "예수님이 메시아인 것을 선포하기 위해서 세례를 받았다"라는 주장입니다. 예수님이 세례를 받으시고 나서 물에서 올라오실 때 "이는 내 사랑하는 아들이요 내 기뻐하는 자라"라고 하나님 아버지의 음성이 하늘로부터 들린 것이 바로 예수님의 세례는 "메시아 선포식"이라는 증거라고 그들은 주장합니다. 또 어떤 이들은 예수님은 하나님이시지만 "우리에게 겸손의 모범을 보여 주기 위해서 세례를 받으셨다"라고 주장합니다. 그래서 우리도 예수님을 본받아 겸손의 덕을 보이는 것이 옳다고 그들은 가르칩니다. 그러나 이런 주장도 성경이 우리에게 말씀하시는 진리와는 거리가 먼 얘기이며 거듭나지 못한 영적 소경들이 "자다가 봉창 두드리는 소리"입니다. **"소경이 소경을 인도하면 둘이 다 구덩이에 빠지리라"(마 15:14)**고 주님께서 말씀하셨습니다. 그런데 오늘날의 기독교 안에는 거듭나지 못한 자들이 억지로 성경을 해석해서 영혼들을 인도하겠다고 설쳐대고 있으니, 참으로 안타깝고 위험한 일입니다.

"하나님이신 예수님께서 왜 인간인 세례 요한에게 세례를 받으셨나?"라는 의문의 답은 오늘의 본문에 명확히 기록되어 있습니다: **"예수께서 대답하여 가라사대 이제 허락하라 우리가 이와 같이 하여 모든 의를 이루는 것이 합당하니라 하신대 이에 요한이 허락하는지라"(마 3:15)**. 예수님께서는 **"모든 의"**를 이루기 위해서 세례를 받으셨습니다. 세례 요한은 예수님께서 자기에게 다가오실 때에 이미 "저분이 바로 세상의 죄를 담당하러 오신 하나님의 어린양이로구나!" 하고 예수님을 알아봤습니다. 그는 두렵고 당황해서 처음에는, **"내가 당신에게 세례를 받아야 할 터인데 당신이 내게로 오시나이까"(마 3:14)** 하고 어찌할 바를 몰라 했습니다. 그러자 예수님께서는 **"이제 허락하라 우리가 이와 같이 하여 모든 의를 이루는 것이 합당하니라"** 하고 아주 준엄하게 세례 요한에게 세례를 베풀라고 명령하셨습니다.

구약의 속죄제사와 예수님께서 드리신
"한 영원한 제사"

　사람의 죄는 반드시 공의한 대가(代價)를 치러야만 사(赦)해집니다. **"죄의 삯은 사망"**(롬 6:23)이라고 말씀하셨으니, 우리는 자기의 목숨으로만 죄의 값을 치를 수 있습니다. 따라서 죄인은 죄의 대가로 "둘째 사망" 곧 지옥에 떨어져야만 합니다. 그런데 사랑의 하나님께서는 당신의 형상으로 창조된 인간을 불쌍히 여기셨습니다. 하나님은 우리 인간이 사단 마귀의 계략에 걸려서 근본 죄를 가지고 태어나서 평생 동안 죄를 지을 수밖에 없는 행악(行惡)의 종자가 된 것을 아시기에, 우리를 죄에서 구원하시려고 **"대속(代贖)의 속죄제사"**를 세워 주셨습니다. 모든 속죄제사는 양, 염소, 소와 같이 쪽발이 갈라지고 되새김질하는 짐승 중에서 흠이 없는 것으로 드리되, 죄인이 희생제물의 머리에 안수해서 자기의 죄를 넘기고 그 제물을 죽여서 죄를 대속하는 방법으로 드려졌습니다.

　속죄제사는 "하루치 속죄제사"와 "1 년치 속죄제사"로 나눌 수 있습니다. 이스라엘 백성들은 날마다 죄를 짓고 미처 속죄제사를 드리지 못하는 경우가 허다하므로 그들의 마음에는 죄가 쌓여갔고 죄로 인하여 그들은 신음했습니다. 하나님께서는 그들의 연약한 처지를 아시고 일 년에 한 차례, 즉 매년 제 7 월 제 10 일에 대속죄일(大贖罪日)의 제사를 드려서 지난 일 년 동안의 모든 죄를 대속하게 하셨습니다. **"하루치"** 속죄제사는 일반 제사장이 주관하지만, 대속죄일의 제사는 대제사장이 홀로 주관해서 드립니다. 이스라엘 백성은 모세를 통해서 율법과 제사법을 받았습니다. 그리고 하나님께서는 모세의 형 아론을 초대 대제사장으로 세워 주셨습니다.

"아론은 자기를 위한 속죄제의 수송아지를 드리되 자기와 권속을 위하여 속죄하고 또 그 두 염소를 취하여 회막문 여호와 앞에 두고 두 염소를 위하여 제비뽑되 한 제비는 여호와를 위하고 한 제비는 아사셀을 위하여 할찌며 아론은 여호와를 위하여 제비 뽑은 염소를 속죄제로 드리고 아사셀을 위하여 제비 뽑은 염소는 산 대로 여호와 앞에 두었다가 그것으로 속죄하고 아사셀을 위하여 광야로 보낼찌니라"(레 16:6-10).

아론이 주관했던 대속죄일(大贖罪日)의 제사는 자기와 자기 식구들을 위한 속죄제사와 백성들을 위한 속죄제사의 두 단계로 이루어졌습니다. 대제사장 아론은 자기와 자기 가족을 위해 먼저 **"흠 없는"** 수송아지로 속죄제사를 드렸습니다. 대속죄일에는 먼저 흠 없는 수송아지를 미리 준비했다가 아론과 그의 가족이 그 제물의 머리에 **"안수"**해서 자기들의 죄를 그 제물에게 넘겼습니다. 그리고 아론은 그 송아지를 잡아서 그 **"피"**를 가지고 성막의 지성소에 들어가서 언약궤 위와 그 동쪽에 그 피를 일곱 번 뿌렸습니다. **"일곱"** 이라는 숫자는 **"하나님"**과 **"완전함"**을 계시하는 숫자입니다. 엿새 동안 우주와 그 안의 모든 만물을 창조하신 하나님께서는 일곱째 날에 모든 일을 완성하시고 영원한 안식을 선포하셨습니다. 결코 하나님 앞에 나아갈 수 없던 자가 죄의 대가를 지불한 대속제물의 피로 말미암아 자기와 자기 식구의 **일 년치 죄를 완전하게 사함 받았다**는 뜻으로, 하나님께서 임재(臨在)하시는 언약궤 위와 그 동편에 피를 일곱 번 뿌리도록 정하신 것입니다.

백성들의 일 년치 죄를 사함 받는 제사

이와 같이 대제사장 아론은 자기와 자기 식구들의 죄를 사함 받은 후에, 이제는 백성들의 일 년치 죄를 단번에 사함 받는 속죄제사를 드렸습니다. 백성들을 위한 속죄제사는 다시 두 단계로 드려지는데, 그래서 **흠 없는 숫염소** 두 마리가 제물로 필요했습니다. 아론은 예비해 두었던 흠 없는 염소 두 마리 중에서 제비를 뽑아서, 첫 번째로 뽑힌 염소의 **머리에 안수**한 후에 그 염소를 잡아서 자기와 자기 식구들을 위해서 수송아지로 드린 제사와 같은 방법으로 성막과 지성소를 거룩하게 하는 제사를 드렸습니다.

"그 지성소와 회막과 단을 위하여 속죄하기를 마친 후에 산염소를 드리되 아론은 두 손으로 산 염소의 머리에 안수하여 이스라엘 자손의 모든 불의와 그 범한 모든 죄를 고하고 그 죄를 염소의 머리에 두어 미리 정한 사람에게 맡겨 광야로 보낼지니 염소가 그들의 모든 불의를 지고 무인지경에 이르거든 그는 그 염소를 광야에 놓을찌니라"(레 16:20-22).

성막 안에서의 제사가 모두 드려진 후에, 대제사장 아론은 이제 성막 뜰 문을 열어젖히고 두 번째 염소인 아사셀 염소를 끌고서 성막의 담장 밖으로 나왔습니다. 아론은 이스라엘 백성들이 모두 숨을 죽이고 보고 있는 가운데 **아사셀 염소의 머리에 손을 얹고**(안수하고) 기도합니다: "여호와 하나님, 이 백성이 지난 일 년 동안에도 무수한 죄를 지었습니다. 하나님의 계명들을 모두 어겼습니다. 당신의 백성이 우상을 섬겼으며, 안식일을 거룩하게 지키지 못했으며, 여호와의 이름을 망령되게 일컬었으며, 부모를 공경하지 못했으며, 살인했으며, 간음했으며…..타인의 재물을 도둑질했습니다.

이 모든 죄를 주님께서 세우신 법대로 안수하여 이 염소에게 넘깁니다!" 하나님께서 세워 주신 법대로 아론이 대표로 아사셀 염소의 머리에 안수하고 기도하면 이스라엘 백성의 일 년치 죄가 단번에 그 염소에게 넘어갔습니다. 만일 수백만 명이나 되는 이스라엘 백성이 줄을 서서 차례로 그 염소의 머리에 안수를 했다면 얼마나 많은 시간이 걸렸겠습니까? 그래서 하나님은 대제사장 아론이 속죄제의 제물로 뽑힌 아사셀 염소의 머리에 **대표로 손을 얹을 때에** 모든 이스라엘 백성의 1년치 죄가 그 염소에게 **단번에** 넘어가도록 대표 원리의 법을 세워 주셨습니다.

이제 이스라엘 백성들의 일 년치 죄를 넘겨받은 아사셀 염소는 **"미리 정한 사람"**에게 맡겨져서 광야로 끌려갑니다. 이스라엘 백성은 성막 주변에 모여 서서, 멀리 끌려가는 염소를 바라봅니다. 그렇게 백성들의 일 년치 죄를 짊어진 아사셀 염소는 **"동이 서에서 먼 것 같이"**(시 103:12) 백성들로부터 분리되어 저 광야에 버려졌습니다. 그 아사셀 염소는 풀 한 포기 없는 황량한 사막을 헤매다가 거기서 탈진하고 쓰러져서 죽었습니다. 그 염소는 이스라엘 백성의 죄를 담당했기 때문에 그 죗값을 대신 치르기 위해 죽임을 당한 것입니다. 아사셀 염소가 대속의 제물로 드려짐으로써 이스라엘 백성은 전혀 심판도 받지 않도록 하나님께서 긍휼을 베푸셨습니다. 이것은 장차 하나님의 구원이 어떻게 우리에게 임하는지를 **계시하신 대속의 속죄제사**입니다.

"한 영원한 제사"를 드려 주신 예수님

그런데 율법에 속한 대속의 제사로는 이스라엘 백성들이 온전하게 죄 사함을 받을 수 없었습니다. 그런 제사들로는 그들의 죄가 영원히 없어질 수 없었습니다. 1년치 속죄제사를 드리고 마음도 홀가분하게 집으로 돌아가는 길에 벌써 죄를 짓는 것이 인간입니다. 어떤 이는 콧노래를 부르며 집으로 돌아가는 길에서 자기 돈을 떼어먹고 도망간 놈을 만났습니다. 그래서 그 사람의 멱살을 잡고 주먹으로 쳐서 코뼈를 주저앉혔습니다. 어떤 이는 자기 마을로 돌아가는 길에 포장마차에서 한잔하다가 술에 너무 취해서 그만 사고를 쳤습니다. 1년치 속죄제사를 드리고 마음이 시원했던 것은 잠시 잠깐이고, 벌써 다시 죄가 마음에 쌓이기 시작합니다. 조금 전에 드린 속죄제사는 이미 무효가 되었습니다.

그렇기 때문에 해마다 한 차례씩 반복적으로 드렸던 대속죄일(大贖罪日)의 제사로는 이스라엘 백성들이 죄 사함을 온전히 받지 못했습니다. 그래서 그런 제사들은 다만 **"장차 오는 좋은 일의 그림자"**라고 성경은 말씀합니다: **"율법은 장차 오는 좋은 일의 그림자요 참 형상이 아니므로 해마다 늘 드리는바 같은 제사로는 나아오는 자들을 언제든지 온전하게 할 수 없느니라"**(히 10:1). 율법에 속한 속죄제사들은 **"장차 오는 좋은 일의 그림자"**에 불과했습니다. 즉, 구약의 속죄제사들은 장차 오실 구세주 예수 그리스도의 영원하고 온전한 속죄제사의 예표(豫表)라는 말씀입니다.

예수님은 육신을 입고 오신 성자(聖子) 하나님입니다. 그래서 예수님께서는 전 인류의 죄를 담당하실 흠 없는 어린양이 되실 수 있었습니다. 이제 예수님께서 구약성경에 계시된 구원의 약속을 따라 **"한 영원한 제사"**(히 10:12)를 드려 주시려면 인류의 대표자에게 안수(按手)를 받아야만 했습니다. **"우리가 이와 같이 하여"**라는 말씀은 **"네(세례 요한)가 나에게 안수의 형식으로 세례를 베풀어서 이 세상의 모든 죄가 나에게 다 넘어오게 하여"**라는 뜻입니다. 안수(按手)는 구약시대의 속죄제사에서 사람의 죄를 희생제물에게로 넘기는 하나님의 공의한 법입니다. 대속죄일(大贖罪日)에는 대제사장 아론이 이스라엘 백성을 대표해서 아사셀 염소의 머리에 안수함으로써 이스라엘 백성의 1년치 죄가 단번에 흠 없는 염소에게로 넘어갔습니다. 아론의 후손이고 여자의 몸에서 난 자 중에 가장 큰 자, 즉 인류의 대표자인 세례 요한이 예수님의 머리에 안수하며 세례를 베풀 때에 아담에서부터 세상 종말까지의 모든 죄가 예수님의 육체로 다 넘어갔고, 이 세상에는 죄가 없어졌습니다. **"이와 같이 하여 모든 의"**가 이루어졌습니다.

출처: 『스테판 원어성경(신약)』, 1993. p18.

"모든 의(all righteousness)"라는 말씀은 헬라어 성경 원문에 "파산 디카이오순넨"(πασαν δικσιοσυνην)으로 기록되어 있습니다. "모든 의"에서 의라는 뜻을 나타내는 "디카이오순넨"은 "옳은" 또는 "법적으로 승인된"이란 뜻의 형용사 "디크"(dike)에서 파생된 "디카이오스"(dikaios)의 명사형입니다. 따라서 "디카이오순넨"(δικσιοσυνην)은 "법률적으로 정당함"의 뜻을 나타냅니다. 인류의 대표자이고 대제사장 아론의 후손인 세례 요한이 인류 전체의 대제사장이 되어서 인류의 죄를 짊어지러 오신 하나님의 어린양에게 안수를 했습니다. 예수님에게 안수(按手)의 형식으로 베푼 요한의 세례를 통해서 세상 모든 죄가 예수님께로 다 넘어갔습니다. 그리고 세상에는 **"모든 의"**가 이루어졌습니다. 모든 죄가 깨끗이 예수님께 넘어갔기 때문에 이 세상에는 죄가 없습니다. 그리고 이 사실을 믿는 자는 하나님의 은혜로 죄 사함을 받고 의인으로 거듭납니다.

이제 이 세상에는 죄가 없습니다. 하나님께서 모든 의를 이루어 주셨기 때문입니다. 사단 마귀는 사람들의 죄를 자꾸 들춰내지만, 사실은 모든 인류의 죄는 예수님께서 받으신 세례로 예수님께 다 넘어갔고 그 모든 죄를 십자가에서 피 흘려 속량하셨기 때문에, 이 세상에는 죄가 없습니다. 그래서 진리의 원형복음(原形福音)을 믿는 자는 마음에 흰 눈같이 죄 사함을 받고 의인이 됩니다. 우리는 스스로 도저히 구원받을 수 없는 **"행악의 종자"**(사 1:4)들이기 때문에 하나님께서 **"이와 같이 하여 모든 의"**(마 3:15)를 이루어 주셨습니다. 그래서 **"그리스도 예수 안에 있는 구속으로 말미암아 하나님의 은혜로 값 없이 의롭다 하심을 얻은 자"**(롬 3:24)가 되게 하셨습니다.

"다 이루었다"(요 19:30)

예수님께서 세례를 받으심으로 세상 죄는 모두 예수님의 육체로 넘어갔습니다. 그래서 예수님께서 세례를 받으신 이튿날에, 세례 요한은 자기 앞을 지나시는 예수님을 가리키며, **"보라 세상 죄를 지고 가는 하나님의 어린양이로다"**(요 1:29) 하고 증거하였습니다. 예수님은 세례로 담당한 세상의 모든 죄를 짊어지고 어디로 가셨습니까? 흠 없는 희생제물이 안수로 죄를 넘겨받은 후에는 죗값을 대신 치르기 위해 피를 흘리고 죽어야 합니다. 예수님도 인류의 대표자인 세례 요한의 안수로 세상의 죄를 담당하셨기에, 이제는 피를 흘려 그 모든 죄를 속량하시려고 십자가를 향해 나아가셨습니다. **"피 흘림이 없은즉 사함이 없느니라"**(히 9:22)고 하신 말씀대로 예수님은 십자가에 못 박히셔서 여섯 시간 동안 피를 흘리셨습니다. 그리고 마지막에 **"다 이루었다"**(요 19:30)라고 크게 외치시고 돌아가셨습니다.

예수님께서 **"다 이루었다"**(요 19:30)라고 크게 외치시는 순간에, 성전(聖殿)의 지성소 앞에 드리운 휘장이 위로부터 아래까지 큰 폭으로 쫙 찢어져 두 조각이 났습니다. 이제 천국의 문은 활짝 열렸습니다. 예수님께서 받으신 세례와 십자가의 피로써 자기의 모든 죄를 깨끗이 없애 주셨다고 믿는 자는 누구든지 하나님의 보좌 앞에 담대히 나아가게 되었습니다.

예수님께서 세례 요한에게 받으신 세례는 예수님께서 십자가에서 흘리신 피와 더불어 우리를 구원하신 진리의 복음을 구성하는 **필수적 요소**입니다. 비유하자면 이 두 요소는 자전거의 앞바퀴와 뒷바퀴에 해당합니다. 두 개의 바퀴가 다 있어야 온전한 자전거이고 우리는 그런 자전거를 타고 달릴 수도 있습니다. 그런데 온전한 자전거에서 앞바퀴를 빼버렸다고 하면, 그것이 온전한 자전거입니까? 그것은 고장 난 자전거이며 그런 자전거로는 우리가 타고 달릴 수도 없습니다. 지금 기독교를 덮고 있는 복음은 앞바퀴가 없는 자전거처럼 예수님의 세례가 빠진 복음, 즉 **"십자가의 피만의 복음"** 입니다. 그런 **"반쪽짜리 복음"** 은 아무리 믿어도 마음의 죄가 결코 없어지지 않습니다. 자기 죄가 예수님에게 넘어간 증거의 말씀이 없는데, 어떻게 마음의 죄가 깨끗이 없어질 수 있겠습니까? 저도 오랫동안 예수님께서 받으신 세례의 비밀을 모른 채로 예수님을 믿었습니다. 그때에는 마음에 죄가 많아서 늘 괴로워했으며 금식하며 회개 기도도 많이 했습니다.

    "십자가의 피만의 복음"을 믿는 자들은 절대로 구원의 큰 확신이 있을 수 없습니다. 그런 자들에게는 하나님의 구원이 말로만 된 것이고 **"능력과 성령과 큰 확신"** (살전 1:5)으로 된 것이 아닙니다. 십자가의 피만의 복음은 말로만 된 복음입니다. 그런 반쪽짜리 복음은 무늬만 복음이지 아무 능력이 없습니다. 온전치 않은 복음은 우리 죄를 결코 없애 주지 못합니다. 그러나 세례와 십자가의 복음은 **"능력과 성령과 큰 확신"** 으로 우리 마음의 모든 죄를 없애 줍니다. 하나님께서 **"물과 피의 복음"** 을 믿는 자의 마음에 할례를 베풀어 주십니다.

우리의 마음에 할례를 베풀어 주신 예수님의 세례

    저는 어렸을 때에 면 소재지 마을에 살았습니다. 저희 집 건너편에 푸줏간이 있었는데, 돼지고기나 소고기를 S자로 생긴 쇠고리에 걸어 놓고서, 손님이 오면 고기를 베어서 저울에 달아보고 신문지에 둘둘 말아서 팔았습니다. 푸줏간 주인인 천(千) 씨 아저씨는 크고 날이 선 칼로 고깃덩이를 베어내는데, 그 칼이 얼마나 잘 드는지 단칼에 고기가 끊어지곤 했습니다. 주님께서 받으신 세례는 천 씨 아저씨의 칼과 같이 우리의 마음에서 죄를 뚝 끊어내서 예수님께로 넘겼습니다. 그래서 믿는 우리는 마음에 할례를 받게 되었습니다.

"**할례는 마음에 할찌니 신령에 있고 의문에 있지 아니한 것이라**"(롬 2:29). 예수님께서 세례 요한에게 받으신 세례의 능력을 믿을 때에 그 많던 죄가 우리 마음에서 툭 끊어져서 예수님께로 넘어갔습니다. 이제 우리의 마음에서는 죄를 찾아보려야 찾아볼 수가 없게 되었습니다. 하나님의 은혜로 우리의 마음이 거룩해졌습니다. 그리고 죄가 없는 우리의 마음에 성령께서 임하셔서 거하시게 되었습니다. 그러므로 **"물과 피의 복음"**은 **"능력과 성령과 큰 확신"** (살전 1:5)의 복음입니다. 우리는 이 진리의 복음을 가지고 있습니다. "예수님의 피만의 복음"은 아무리 믿고 찬양해도 아무 효용이 없습니다. 기독교인들이 박수를 치며 "♬보혈의 능력, 보혈의 능력, 보혈의 피 마시네~"하고 찬양해 봤자 죄는 그들의 마음에 고스란히 남아 있습니다. 왜 평생 동안 예수님을 믿고도 그렇게 죄인으로 남아 있게 되었습니까? 그들은 예수님이 우리 죄를 단번에 끊어내서 가져가신 **"세례의 비밀"**을 모르기 때문입니다.

예수님께서 **"이와 같이 하여"** 즉 안수의 방법으로 세례를 받으셔서 우리의 모든 죄를 가져가셨습니다. 따라서 예수님의 세례가 빠진 복음은 사단 마귀로부터 온 것입니다. 어떻게 그렇게 심한 말을 하냐고요? 심한 말이 결코 아닙니다. 사단 마귀가 처음에는 진리의 원형복음을 믿는 그리스도인들을 핍박했습니다. 그런데 핍박을 하면 할수록 복음은 더욱더 힘차게 전파되었습니다. 그러자 사단 마귀는 전략을 바꿨습니다. "너희가 예수를 믿되 세례를 빼버리고 십자가의 피만 믿어라"—이 전략이 대성공을 거두어서 오늘날 기독교는 세계 제일의 종교가 되었습니다. 그러나 그 결과, 기독교 안에는 진리의 원형복음을 믿는 알곡들은 사라지고 쭉정이(가라지)가 번창하게 되었습니다. 이것이 오늘날의 기독교입니다.

그러나 진리의 원형복음인 **"물과 피의 복음"**을 믿는 우리에게는 하나님의 구원이 **"큰 확신으로 임"**했습니다. 우리의 모든 죄가 예수님에게로 넘어갔다는 확인서를 우리가 갖고 있기 때문입니다. 법률 용어 중에서 **"채무부존재(債務不存在) 확인서"**라는 것이 있습니다. 우리가 은행에서 대출을 받아서 빚이 있었는데, 그 빚을 다 갚으면 이제 빚이 없다는 확인서를 발급받는데, 그것이 바로 "채무부존재 확인서"입니다. 그 "확인서"를 받아든 사람은 "이제 빚이 없구나!" 하는 큰 확신을 갖게 됩니다. 우리는 하나님 앞에서 죄의 빚이 많았던 자들입니다. 그런데 이 예수님 세례는 우리에게 있어서 이제는 죄가 하나도 없다는 **채무부존재 확인서**입니다.

예수님께서 세례를 받으시고 물에서 올라오셨습니다. 그때 하늘이 열리고 하나님 아버지께서 예수님에 대해서 **"이는 내 사랑하는 아들이요 내 기뻐하는 자라"**라고 증거하셨습니다. 예수님께서 받으신 세례 안에는 육체로 임하신 예수님의 구원사역이 다 함축되어 있습니다. 예수님께서 세례 요한에게 안수를 받으실 때에 인류의 모든 죄가 예수님께 다 넘어갔습니다. 예수님께서 물에 잠기신 것은 장차 십자가에 못 박혀 돌아가실 것을 계시하고, 예수님께서 물에서 다시 올라오신 것은 주님께서 부활하실 것을 계시합니다.

예수님의 세례는 우리의 죄 사함을 위한 필수 요소

　예수님의 세례는 우리의 구원의 역사에 있어서 가장 중요하고 불가결한 사역입니다. 그래서 예수님께서 부활하시고 승천하신 후에, 예수님의 제자들 중에서 가룟 유다의 자리를 대신할 사도를 선발할 때에도, **"요한의 세례로부터 우리 가운데서 올리워 가신 날까지 주 예수께서 우리 가운데 출입하실 때에 항상 우리와 함께 다니던 사람 중에 하나를"**(행 1:21-22) 택해서 사도로 세웠습니다. 즉 주 예수님께서 요한에게 세례를 받으신 때부터 승천하실 때까지 모든 사역을 목격한 제자라야 사도의 자격이 있었다는 말씀입니다. 또 베드로가 이방인인 백부장 고넬료의 집에 들어가서 말씀을 전할 때에, 복음을 가리켜 **"곧 요한이 그 세례를 반포한 후에 갈릴리에서 시작되어 온 유대에 두루 전파된 그것"**(행 10:37)이라고 소개했습니다. 이 말씀에 언급된 **"그 세례"**(the baptism)는 정관사(the)가 붙어 있는 유일한 세례를 일컫는 바, 예수님께서 세례 요한에게 받으신 세례를 지칭합니다. 즉 **"그 세례"**(the baptism)란 요한이 수많은 사람들에게 베푼 세례를 말하는 것이 아니라, 인류의 모든 죄를 담당한 예수님의 세례입니다.
　예수님께서 받으신 세례의 능력을 믿어야만 천국에 들어갈 수 있습니다. 예수님께서 친히 **"세례 요한의 때부터 지금까지 천국은 침노를 당하나니 침노하는 자는 빼앗느니라"**(마 11:12)고 말씀하셨습니다. 세례 요한이 예수님의 머리에 안수를 베푼 **"그 세례"**의 때부터 천국의 문은 활짝 열렸습니다. 그래서 예수님의 세례를 믿는 자는 천국에 담대하게 쳐들어가서 천국을 자기의 것으로 차지하게 되었습니다. 또 사도 요한은 예수님을 가리켜 **"물과 피로 임하신 하나님"이라고 소개했습니다: "이는 물과 피로 임하신 자니 곧 예수 그리스도시라 물로만 아니요 물과 피로 임하셨고 증거하는 이는 성령이시니 성령은 진리니라 증거하는 이가 셋이니 성령과 물과 피라 또한 이 셋이 합하여 하나이니라"(요일 5:6-8). 성령님께서는 예수님이 하나님이라고 증거하십니다. "물"과 "피"는 예수님께서는 세례 요한에게 안수의 형식으로 받으신 세례로 인류의 죄를 담당하셨고 십자가의 보혈로 그 모든 죄를 대속하셔서 우리 인류 전체를 완벽하게 구원하셨다고 증거합니다.

우리를 모든 죄에서 구원한 진리의 원형복음은 **"물과 피와 성령이 합하여 하나"**인 복음입니다. 만일 세 가지 증거 중에서 하나라도 빠지면 결코 온전한 복음이 될 수 없습니다. 화로에 다리는 세 개인데 그중에서 다리 하나를 잘라 버리면 화로가 온전히 서 있을 수 있겠습니까? 화로가 쓰러지고 불이 쏟아져서 온 집안을 불태울 것입니다. 오늘날의 기독교인들이 진리의 원형복음에서 "물"의 능력을 빼버리고 믿습니다. 그래서 그들은 안타깝게도 지옥불의 저주를 자초하고 있습니다.

여러분은 **"이와 같이 하여 모든 의를 이루"**(마 3:15)신 예수님의 세례를 믿고 마음에 굳게 간직하시기를 바랍니다. 할렐루야!

말씀을 마쳤습니다.

영적 전쟁에서 승리하라

"그 때에 예수께서 성령에게 이끌리어 마귀에게 시험을 받으러 광야로 가사

사십 일을 밤낮으로 금식하신 후에 주리신지라

시험하는 자가 예수께 나아와서 가로되 네가 만일 하나님의 아들이어든 명하여 이 돌들이 떡덩이가 되게 하라

예수께서 대답하여 가라사대 기록되었으되 사람이 떡으로만 살 것이 아니요 하나님의 입으로 나오는 모든 말씀으로 살 것이라 하였느니라 하시니

이에 마귀가 예수를 거룩한 성으로 데려다가 성전 꼭대기에 세우고

가로되 네가 만일 하나님의 아들이어든 뛰어내리라 기록하였으되 저가 너를 위하여 그 사자들을 명하시리니 저희가 손으로 너를 받들어 발이 돌에 부딪히지 않게 하리로다 하였느니라

예수께서 이르시되 또 기록되었으되 주 너의 하나님을 시험치 말라 하였느니라 하신대

마귀가 또 그를 데리고 지극히 높은 산으로 가서 천하 만국과 그 영광을 보여

가로되 만일 내게 엎드려 경배하면 이 모든 것을 네게 주리라

이에 예수께서 말씀하시되 사단아 물러가라 기록되었으되 주 너의 하나님께 경배하고 다만 그를 섬기라 하였느니라

이에 마귀는 예수를 떠나고 천사들이 나아와서 수종드니라"(마 4:1-11).

예수님께서 인류의 대표자인 세례 요한에게 세례를 받으셔서 이 세상의 모든 죄를 당신의 육체 위에 넘겨받았습니다. 그때에 나와 여러분의 모든 죄도 분명히 예수님에게로 다 넘어갔습니다. 주님께서 받으신 세례로 우리는 의로워졌습니다. 우리 스스로는 도저히 의로워질 길이 없었는데, **"사람으로는 할 수 없으되 하나님으로서는 다 할 수 있느니라"**(마 19:26)고 선포하신 주님께서 우리를 의롭게 만들어 주셨습니다. 그래서 우리가 **"이제 허락하라 우리가 이와 같이 하여 모든 의를 이루는 일이 합당하니라"**(마 3:15)는 말씀을 기억할 때마다 우리의 마음은 시원하고 유쾌합니다. 우리는 자신이 지옥에 가야 할 죄인임을 시인하고 진리의 원형복음을 굳게 믿었더니 **"죄 없이 함"**을 받고 **"유쾌하게 되는 날"**(행 3:19)을 맞게 되었습니다. 이제 우리의 마음은 앓던 이가 빠진 것처럼 시원합니다.

사단 마귀에게 시험을 받으신 주님의 뜻

예수님은 세례를 받으심으로 우리에게 그토록 아름다운 은혜를 베푸시고 나서 곧바로 성령에 이끌려서 **"마귀에게 시험을 받으러"** (to be tempted by the devil, KJV) 광야로 가셨습니다. "시험하다"라고 번역된 영어성경의 "tempt"는 "잘못되거나 부도덕한 일을 하도록 유혹하다, 꾀다"라는 뜻입니다. 그런데 예수님은 사단 마귀의 유혹을 받으시려고 자진해서 광야로 나가셨고, 그뿐 아니라 시험을 당하기 전에 사십 주야를 금식하셨습니다. 예수님은 성자(聖子) 하나님이시지만 육체를 입고 오셨습니다. 예수님은 하나님이지만 동시에 온전히 사람이셨습니다. 우리와 똑같이 연약한 육체 안에 거하셨기 때문에, 주님도 우리처럼 배고픔과 피곤함과 추위와 고통을 느끼셨습니다. 그런데 40일 동안 아무것도 드시지 않았으니 주님께서 겪으신 배고픔과 곤고함은 이루 말할 수 없었을 것입니다. 그런 고난을 다 아셨는데도 주님은 자원(自願)해서 **"마귀에게 시험을 받으러"** 광야로 가셨습니다. 주님은 그런 시험을 받지 않아도 되는 하나님이신데, 왜 마귀에게 시험을 받으러 광야로 가셨습니까? 주님께서 이 땅에 오셔서 행하신 모든 일은 당신 자신을 위한 것이 아니라 다 우리를 위한 것입니다. 주님께서는 저와 여러분들이 사단 마귀와의 영적 싸움에서 승리하게 하기 위해서 친히 시험을 받아 주신 것입니다.

우리는 본래 사단 마귀의 종들이었습니다. 그런데 예수님께 항복하고 귀순해서 예수님의 백성이 되었습니다. 사단 마귀의 편에서 본다면, 우리가 전에는 그의 아군(我軍)이고 부하였는데, 이제는 그의 적군(敵軍)이 되었습니다. 그러니 우리는 사단 마귀와의 전쟁을 피할 수 없게 되었습니다. 우리가 **"물과 피의 복음"**을 믿고 고백함으로써 거듭난 순간부터 우리는 이미 영적 전쟁에 돌입했습니다. 그리고 이렇게 시작된 영적 전쟁에서 패배하면 다시 사단 마귀의 포로가 되어 그에게 끌려가기 때문에, 그리고 믿음으로 얻은 구원의 은총은 무효가 되기 때문에, 주님께서는 세례를 받으시자마자 친히 시험을 받으셔서 우리에게 영적 전쟁에서 승리하는 법을 가르쳐 주신 것입니다.

공중의 권세를 잡은 자와의 영적 싸움

에베소서는 사단 마귀를 일컬어 **"공중 권세 잡은 자"**(엡 2:2)라고 정의했습니다. 또 "우리의 씨름은 혈과 육에 대한 것이 아니요 정사와 권세와 이 어두움의 세상 주관자들과 하늘에 있는 악의 영들에게 대함이라"(엡 6:12)고 말씀하셨습니다. 우리는 악한 영들, 즉 공중 권세 잡은 자와 영적 전쟁을 하며 살아가고 있습니다. 영적으로 깨어서 진리의 말씀을 따라 세상의 실상(實相)을 보면, 이 세상은 **"공중 권세 잡은 자"**가 지배하고 있습니다. 사단 마귀는 하나님을 대적하는 모든 생각과 거짓 논리나 교리, 그리고 허망한 가치관으로 사람들을 지배하고 있습니다. 이 세상 사람들에게 돈이 최고의 가치가 아닙니까? 사람들이 외모지상주의에 빠져 있지 않습니까? 진화론이니 무신론이니 하는 거짓 논리에 물들어 있지 않습니까? 사단 마귀는 사람들이 이 세상의 현란한 것들을 추구하도록 사람들을 유혹하고 욕망을 불어넣어서 모든 사람들이 하나님을 찾지 않도록 유인하고 지배합니다. 돈과 명예와 권력과 쾌락—이런 것들을 가지고 사람들을 유인하고 지배하는 자가 사단 마귀입니다. 그중에서도 돈이 대표격입니다. 제가 언젠가 편의점에 갔더니 일당으로 일하시는 건설노동자 같은 분이 그날 받은 일당으로 로토(lotto) 복권을 다 사는 것을 보았습니다. 그 사람은 일확천금의 소망으로 하루하루를 살아가는 셈입니다.

　사단 마귀가 이 세상에 속한 사람들만 유혹하고 지배합니까? 사단 마귀는 거듭난 자들도 얼마든지 흔들어서 다시 죽일 수 있습니다. 사실 사단 마귀는 이 세상 사람들에 대해서는 크게 공격하거나 유혹하지 않습니다. 죄인들은 사단의 아군(我軍)이며 이미 "집토끼"이기 때문입니다. 거듭나지 않은 사람은 이미 다 마귀가 지배합니다. 사단 마귀는 자기의 적군(敵軍)인 의인들에게 관심이 더 많습니다. 거듭난 자만이 공중 권세 잡은 자의 지배에서 벗어나서 하나님의 다스림과 보호를 받습니다. 그래서 사단 마귀는 거듭난 자들을 집중적으로 공격하고 유혹해서 다시 자기 편을 만들려고 온갖 계략을 다 펼칩니다.

우리 거듭난 의인들은 죄 사함을 받은 순간부터 영적 전쟁을 시작하게 됩니다. 물과 피의 복음을 믿음으로 죄 사함을 받고 거듭난 자는 그때부터 영적 전쟁터에 들어선 셈입니다. 의인들에게는 지금이 전투 상황입니다. 지금은 의인들이 허리띠를 끌러놓고 부어라 마셔라 할 때가 아닙니다. 그래서 주님은 우리에게 항상 깨어 있으라고 당부하셨습니다. 전쟁 중인 군인이 밤마다 이 세상의 향락의 술에 취해 대낮까지 자빠져 잔다고 하면 적군이 쳐들어와서 칼로 꼭꼭 찔러 죽이지 않겠습니까? 물론 그렇다고 해서 늘 긴장만하고 두려워해야 한다는 말은 아닙니다. 우리가 우리의 마음을 믿음으로 지키면 영적 전쟁 중에도 능히 평강과 자유를 누릴 수 있습니다.

우리를 공격하는 세 가지 시험

시험하는 자가 예수님께 와서 **"네가 만일 하나님의 아들이어든 명하여 이 돌들이 떡 덩이가 되게 하라"**라는 첫 번째 시험문제를 냈습니다. 그러자 예수님께서는 **"기록되었으되 사람이 떡으로만 살 것이 아니요 하나님의 입으로 나오는 모든 말씀으로 살 것이라 하였느니라"**(마 4:4, 신 8:3)고 말씀하심으로 사단의 공격을 물리치셨습니다. **"기록되었으되"**라는 말씀은 구약성경에 기록된 말씀을 지칭합니다. 예수님은 세 번의 공격을 모두 기록된 말씀으로 물리치셨습니다. 하나님의 말씀은 **"살았고 운동력"**(히 4:12)이 있어서 말씀을 믿는 사람을 통해서 하나님의 말씀은 역사합니다.

"사람이 떡으로만 살 것이 아니요"—이 세상 사람들은 떡으로만 삽니다. 거듭난 하나님의 백성들도 육신이 있기 때문에 떡도 필요합니다마는 영혼의 양식인 하나님의 말씀을 먹어야 삽니다. 우리의 육신은 떡으로 살지만 우리의 영혼은 하나님의 말씀을 믿음으로 삽니다. 마치 우리의 육신이 음식을 먹지 않으면 죽듯이, 우리의 영혼은 하나님의 말씀을 먹지 않으면 죽습니다. 육신의 사망보다 더 두려운 것이 영적 사망입니다. 사람은 육신의 떡으로만 사는 존재가 아닙니다. 거듭난 사람은 하나님 입에서 나오는 모든 말씀으로 사는 존재입니다.

거듭난 자에게 도전하는 사단 마귀의 첫 번째 시험은 의식주(衣食住)에 관한 시험입니다. 지금 대표적으로 떡을 말했지만 우리 육신이 살아가는 데 기본적으로 필요한 것이 의식주(衣食住)입니다. 이 세상 죄인들에게는 의식주(衣食住)가 모든 가치의 최고봉을 차지하고 있습니다. 누가 더 좋은 집에 사느냐? 누가 더 좋은 호텔에 가서 맛있는 것을 먹고 "인증샷"을 많이 올리고 있냐? 누가 더 비싸고 좋은 옷을 입고 다니느냐? 그 여자가 들고 있는 핸드백이 명품이냐, 짝퉁이냐? 저는 명품이라고는 별로 없습니다. 저는 싸고 좋은 제품을 최고로 여깁니다. 그런데 이 세상은 그렇지 않습니다. 어떤 아이는 나이키(nike) 상표가 달린 운동화를 못 신고 이름 없는 잡표(雜標) 운동화를 신고 다닌다고 친구들이 놀리자 부모를 원망하는 유서를 남기고 자살했습니다. 다 마귀가 넣어준 가치관입니다. 아이들도 마귀의 지배를 받는 것입니다. 사도 바울은 영의 아들 디모데에게 **"우리가 먹을 것과 입을 것이 있은즉 족한 줄로 알 것이니라"**(딤전 6:8)고 훈육했습니다. 거듭난 부모들은 자녀들에게 무엇이 귀중한지를 제대로 가르쳐야 합니다. 우리 안에 담긴 진리의 보화가 얼마나 귀한지를 믿게 하고 천국의 영생을 얻은 자들로 당당하게 살도록 가르쳐야 합니다.

주님은 "너희 보물 있는 곳에는 너희 마음도 있으리라"(눅 12:34)고 말씀하셨습니다. 여러분들은 무엇을 보물로 여깁니까? "내가 무엇을 가장 귀하게 여기는가?"라고 한번 진지하게 생각해 보십시오. 의식주 문제입니까? 주님은 "그러므로 염려하여 이르기를 무엇을 먹을까 무엇을 마실까 무엇을 입을까 하지 말라 이는 다 이방인들이 구하는 것이라 너희 천부께서 이 모든 것이 너희에게 있어야 할 줄을 아시느니라 너희는 먼저 그의 나라와 그의 의를 구하라 그리하면 이 모든 것을 너희에게 더하시리라"(마 6:31-33)고 약속하셨습니다. 저는 이 말씀을 믿습니다. 이 말씀을 믿는 사람은 의식주 문제에 휘둘려서 유혹과 시험을 당하지 않습니다. 마음이 정해진 의인들은 "사단아 물러나거라! 나는 나의 여생(餘生) 동안 의의 복음을 전파하다가 주님께로 갈 것이다!" 하고 단호하게 사단 마귀를 대적해서 물리치고, 남은 생애를 의연하게 복음 전파에 올인(all-in)합니다.

사단 마귀의 두 번째 시험

"이에 마귀가 예수를 거룩한 성으로 데려다가 성전 꼭대기에 세우고 가로되 네가 만일 하나님의 아들이어든 뛰어내리라 기록하였으되 저가 너를 위하여 그 사자들을 명하시리니 저희가 손으로 너를 받들어 발이 돌에 부딪히지 않게 하리로다 하였느니라 예수께서 이르시되 또 기록되었으되 주 너의 하나님을 시험치 말라 하였느니라 하신대"(마 4:5-7).

　사단 마귀는 간교한 놈입니다. 주님께서 말씀으로 1차전을 승리하시자, 이번에는 사단 마귀도 하나님의 말씀을 들고 나왔습니다. 그는 예수님께, "네가 이 높은 곳에서 뛰어내려도 하나님이 천사들을 보내서 네 발이 돌에 부딪히지 않게 하신다고 했으니 어서 뛰어내리라"라고 유혹했습니다. 하나님의 종들은 성경 말씀에서 **"하나님의 뜻"**을 찾습니다. 그러나 사단 마귀와 그의 종들은 **"자기의 뜻"**을 관철시키는 재료로 성경 말씀을 이용합니다. 이 세상의 삯꾼 목사들은 성경 말씀을 얼마나 잘 외우고 아전인수 격으로 해석해서 자기의 의도에 맞도록 꿰어 맞추는지 모릅니다. 그러나 그들이 청산유수로 지껄여대는 동기(動機)는 주님을 세우려는 것이 아니라 자기를 세우려는 것이며 자기의 욕망을 채우려는 것입니다. 지금도 성경을 인용해서 설교하는 사람들은 많습니다. 그러나 대부분은 자기의 생각과 욕망을 추구하는 도구로 성경을 이용할 뿐입니다.

　"너희는 여호와의 선하심을 맛보아 알찌어다 그에게 피하는 자는 복이 있도다"(시 34:8). 하나님은 선하시고 인자하신 분입니다. 그러나 사단 마귀는 하나님의 선하심을 믿지 않습니다. 사단 마귀가 아담과 하와를 유혹할 때에도 하나님을 아주 악한 분으로 몰고 가서 그들을 속였습니다. 사단 마귀는 먼저 하와를 유혹했습니다. "하나님이 왜 너희에게 선악과를 따먹지 말라고 했을까? 너희들이 그 실과를 따먹는 날에는 너희 눈이 밝아져서 하나님같이 될까 봐 따먹지 못하게 한 거야!"—사단 마귀는 하나님을 아주 악하고 심술궂은 존재로 몰고 갔습니다. 그와 같이 사단 마귀의 종들은 지금도 하나님 말씀을 자기의 의도와 욕망에 맞게끔 살짝 변형시켜서 이용하고 있습니다.

왜 사람들이 이단(異端)에 빠집니까? 그들이 자기의 욕망을 좇기 때문에 이단에 빠집니다. 속이는 자와 속는 자가 일반입니다. **"삼중 복음과 오박자 축복론"**이라는 교설(巧說)이 한때 선풍적인 인기를 끌었습니다. 어떤 목사가 **"사랑하는 자여 네 영혼이 잘 됨 같이 네가 범사에 잘되고 강건하기를 내가 간구하노라"**(요삼 1:2)는 말씀을 근거로 예수님을 믿으면 영혼이 잘되고, 범사에 잘되고, 건강 장수(長壽)한다고 주장했습니다. 먹고 살기도 힘들었던 시대에 사람들은 그런 설교를 듣고 구름같이 몰려들었습니다. 그는 자기의 교회가 단일 교회로서는 전 세계에서 제일 교인이 많은 교회가 되었다고 자랑했습니다. 그런데 열매를 보아 나무를 안다고 주님께서 말씀하셨습니다. 그 목사는 재산 문제, 교회 자금 횡령 문제, 여자 문제로 물의를 일으키고 재판을 받고 있으며, 그의 아들은 실형을 선고받고 감옥생활도 했습니다. 가르치는 자나 듣는 자가 다 육신의 욕망을 좇았기 때문입니다.

지금 사단 마귀는 예수님을 무너뜨리려고 성경 말씀을 들고 나왔지만 예수님은 **"또 기록되었으되 주 너의 하나님을 시험치 말라 하였느니라"**(마 4:7)는 하나님의 말씀으로 단번에 물리치셨습니다. 하나님의 선하심을 믿지 않는 자들은 자기의 욕망을 채워달라고 하나님을 시험합니다. "하나님, 이 문제만 해결해 주시면 내가 하나님을 믿겠습니다"—이런 기도는 하나님을 시험하는 것입니다. 하나님은 절대적으로 선하시고 인자하신 분입니다. 하나님은 무조건적으로 우리를 사랑하시기에 우리의 모든 죄와 허물을 세례로 담당하시고 십자가에서 대속의 죽음을 맞으심으로 우리를 죄에서 구원하신 분입니다. 하나님은 아무 조건 없이 우리를 위해서 당신 자신을 내어 주신 분입니다. 그런데 "이렇게 해 주시면 내가 믿겠습니다" 또는 "이렇게 해 주셨기 때문에 내가 믿습니다" 하는 것은 조건적인 믿음입니다.

사단 마귀의 두 번째 시험은 하나님 앞에서 **우리가 어떤 믿음의 자세를 가져야 하느냐** 하는 문제입니다. 우리는 하나님 앞에서 자기의 육체의 욕망을 좇거나 자기의 옳음을 세우려고 하나님의 말씀을 이용하지 말아야 합니다. 어린아이같이 순수한 마음으로 하나님을 믿고 또 하나님 말씀을 받을 때 우리는 사단과의 영적 전쟁에서 반드시 이길 수 있습니다.

사단 마귀의 세 번째 시험

이제 사단 마귀는 예수님을 높은 산에 데리고 올라가서 천하만국의 영광을 다 보여 주면서, **"만일 내게 엎드려 경배하면 이 모든 것을 네게 주리라"**(마 4:9)고 유혹했습니다. 웃기는 말입니다. 예수님은 우주를 만드신 장본인이며 온 우주의 주인입니다. 사단 마귀는 잠시 허락된 동안 죄인들을 주장할 권세를 누리고 있는 것뿐입니다. 예수께서 **"사단아 물러가라 기록되었으되 주 너의 하나님께 경배하고 다만 그를 섬기라 하였느니라"**(마 4:10)고 책망하셨습니다. 그러자 사단 마귀는 꼬리를 내리고 물러갔습니다.

사단 마귀는 "너희의 신(神)이 누구냐?"라는 문제로 우리들을 유혹하고 시험합니다. 우리는 하나님과 재물을 겸하여 섬길 수 없습니다. 우리의 마음에 하나님보다 더 사랑하는 것이 있다면, 그것이 바로 우상입니다. 많은 기독교인들이 하나님을 믿지만 그들은 마음의 골방에 "돈 신"(Mammon)이라는 우상을 감추어 두고 있습니다. 그들은 **"나홀의 하나님"**(창 31:53)을 섬기는 자들입니다. 나홀의 아비 데라는 강 건너편에 살면서 육신의 욕망을 좇아서 우상을 섬겼던 자입니다. 그런 우상숭배가 나홀을 거쳐서 라반과 그의 딸 라헬에게까지 전수되었습니다. 그래서 야곱이 야반도주(夜半逃走)를 할 때에 라헬은 몰래 아버지 라반의 우상을 훔쳐 갔었습니다. 지금도 **"나홀의 하나님"**(창 31:53)을 섬기는 기독교인들이 태반입니다. 하나님께서 그런 믿음을 다 무너뜨리십니다.

사람의 마음에 있는 우상 중에서 제일 끈질긴 것이 **영광심**입니다. 영광심은 사람들에게 인정받고 높아지려는 욕망입니다. 예수님의 제자들마저도 예수님께서 십자가에 달려 돌아가시려고 예루살렘으로 올라가시던 길에서 **"누가 크냐"**(눅 22:24)라는 문제로 다퉜습니다. 사람들에게 인정을 받고자 하는 마음을 경계해야 합니다. 주님께서 외식(外飾)하는 바리새인들을 책망하시면서 **"사람에게 보이려고"** 기도나 금식이나 자선 등을 하지 말라고 말씀하셨습니다. 과연 우리에게 영광을 받을 만한 구석이 있습니까? 자기 자신을 정직하게 바라보는 사람은 자기가 형편없는 존재라는 사실을 솔직하게 인정합니다. 그렇기 때문에 오직 하나님께만 영광을 돌립니다. 바나바와 바울이 루스트라에 이르렀을 때에, 나면서부터 앉은뱅이였던 불구자를 일으키는 이적을 베풀었습니다. 그 광경을 본 목격자들이 **"신들이 사람의 형상으로 우리 가운데 내려오셨다"**(행 14:11)라고 외치며 소와 화관(花冠)을 가지고 와서 제우스(Zeus) 신전(神殿)에서 제사를 드리려고 했습니다. 그러자 사도들은 자기의 옷을 찢고 무리 가운데 뛰어들어서 그들을 말렸습니다.

우리나라 사람들은 "체면문화" 속에서 살아왔습니다. 우리 사회는 남의 눈이나 평판을 중시하고 계급과 서열이 지배하는 사회입니다. 그래서 감투를 좋아합니다. 그런 심리를 이용하려고 목회자들은 교회 안에 수많은 감투를 만들어서 남발합니다. 웬만하면 다 "집사"이고 "장로"입니다. 교회 안에 무슨 "모임"이나 "위원회"도 많아서 회장님과 위원장님도 많습니다. 사회에서는 별로 면(面)이 서지 않는 사람도 교회에 가면 감투를 쓰고 영광심이라는 욕망을 만족시킬 수 있습니다. 그래서 교회는 교인들의 욕망을 채워 주고 그 반대급부로 헌금을 챙기는 기업이 된 것입니다.

영적 전쟁에서 승리하려면 자기가 얼마나 악하고 부족한지를 잘 알아야 합니다. 믿음의 사람들은 자기의 꼬락서니를 잘 알기에 그들의 가난한 심령을 지킬 수 있습니다. 그래도 우리의 육신에는 영광심이 숨어 있다가 기회만 되면 준동(蠢動)을 합니다. 베드로는 **"주는 그리스도시요 살아계신 하나님의 아들이시니이다"**(마 16:16) 라고 신앙고백을 해서 주님께로부터 큰 칭찬을 받았습니다. 그런데 예수님께서는 뒤이어서 당신이 예루살렘에 올라가서 장로들에게 미움을 받고 돌아가실 것을 예고하셨습니다. 그러자 베드로는 **"주여 그리 마옵소서 이 일이 결코 주에게 미치지 아니하리이다"** 하고 펄쩍 뛰었습니다. 그렇게 되는 일을 충성된 자기가 결코 용납하지 않겠다는 말입니다. 자기가 뭔데 주님의 의의 길을 막아서겠다는 말입니까? 주님께서는 베드로를 향해, **"사단아 내 뒤로 물러 가라 너는 나를 넘어지게 하는 자로다 네가 하나님의 일을 생각지 아니하고 도리어 사람의 일을 생각하는도다"**(마 16:23) 하고 책망하셨습니다. 베드로는 한 번 더 칭찬을 들을 것으로 예상했는데, 청천벽력 같은 책망을 들었으니 기절초풍할 노릇이었겠죠! 그러나 베드로는 예수님이 예루살렘에 올라가서 다윗의 왕위를 물려받게 되면 자기도 영광을 받을 것만 기대하고 있었습니다. 그러니 베드로는 **"네가 하나님의 일을 생각지 아니하고 도리어 사람의 일을**

생각하는도다"라는 책망을 들어 마땅했습니다.

우리들도 하나님의 일을 생각하기보다는 나의 일을 먼저 생각할 때가 허다합니다. 그렇지 않습니까? 우리는 하나님 앞에서 영광심이라는 욕망을 경계해야 합니다. 사도 바울도 갈라디아인들을 책망하면서, **"이제 내가 사람들에게 좋게 하랴 하나님께 좋게 하랴 사람들에게 기쁨을 구하랴 내가 지금까지 사람의 기쁨을 구하는 것이었더면 그리스도의 종이 아니니라"**(갈 1:10)고 자기의 마음 자세를 단호하게 선언했습니다. 사람에게 좋게 하는 것은 "영광심"의 발로입니다. 그리고 사람들의 환심을 사서 영광을 누리려고 하는 자들은 하나님의 종이 아닙니다.

거듭난 자는 자기를 부인해야 영적 전쟁에서 승리합니다

거듭난 자들은 이미 영적 전쟁을 시작한 자들입니다. 주님께서는 영적 전쟁의 마지막 시험이 영광심을 부추기는 유혹이라고 말씀하십니다. 그래서 **"사단아 물러가라 기록되었으되 주 너의 하나님께 경배하고 다만 그를 섬기라 하였느니라"**라고 말씀하심으로 우리 마음의 우선순위를 점검하게 하셨습니다. "내가 진정 하나님만을 섬기는 자인가? 아니면 하나님과 우상을 겸하여 섬기는 자인가? 나는 하나님보다 나를 더 위하는 자가 아닌가?"—우리는 이런 질문을 스스로에게 던져야 합니다.

맞습니다. 우리는 하나님의 은혜로 거듭났지만, 여전히 육체 안에 거하기에 끊임없이 자기의 욕망과 싸워야 하고 자기의 생각을 부인해야 합니다. 사도 바울은 에베소에서 겪은 심적 갈등을 언급하면서, **"형제들아 내가 그리스도 예수 우리 주 안에서 가진바 너희에게 대한 나의 자랑을 두고 단언하노니 나는 날마다 죽노라"**(고전 15:31)고 고백했습니다. 우리에게 무슨 옳은 것이 있습니까? 우리에게는 옳은 것이 전혀 없습니다. 옳은 분은 오직 하나님뿐입니다. 그래서 거듭난 자 즉, 마음에 할례를 받은 의인들은 언제든지 자기의 욕망과 생각을 부인하고 하나님의 일을 생각합니다. 자기를 부인하는 자만이 성령의 인도를 받을 수 있습니다. 자기의 욕망이나 생각을 부인하지 않으면 성령님이 아니라 자기의 생각이 자기를 이끕니다.

사단 마귀는 예수님께 세 번 도전했다가 예수님의 능력의 말씀 앞에 완패했습니다. 사단 마귀는 훗날을 기약하면서 물러갔습니다. 훗날이 언제입니까? 예수님께서 십자가에 못 박히신 날입니다. 사단 마귀는 예수님을 십자가에 못 박아 죽이면 자기가 승리할 줄 알았는데, 세례로 세상 죄를 담당하신 예수님께서 십자가의 피로 그 모든 죄를 속량하셨으니, 예수님의 경륜이 승리하셨습니다. 예수님께서는 십자가에 돌아가시기 전날에 제자들에게 **"세상에서는 너희가 환난을 당하나 담대하라 내가 세상을 이기었노라"**(요 16:33)고 선포하셨습니다. 주님께서 우리를 모든 죄와 허물에서 구원하셨기에, 그래서 사단 마귀의 모든 공격을 무력화(無力化)시켰기에, 우리도 사단 마귀와의 영적 전쟁에서 넉넉히 이길 수 있습니다. 그리고 우리의 무기는 좌우에 날이 선 검(Double-edged sword)과 같은 하나님의 말씀입니다. 우리의 싸움은 공중 권세를 잡고 있는 사단 마귀와의 싸움인데, 말씀을 믿는 우리의 믿음이 이 싸움을 이기게 합니다.

말씀을 마쳤습니다.

복 있는 사람

"예수께서 무리를 보시고 산에 올라가 앉으시니 제자들이 나아 온지라

입을 열어 가르쳐 가라사대

심령이 가난한 자는 복이 있나니 천국이 저희 것임이요

애통하는 자는 복이 있나니 저희가 위로를 받을 것임이요

온유한 자는 복이 있나니 저희가 땅을 기업으로 받을 것임이요

의에 주리고 목마른 자는 복이 있나니 저희가 배부를 것임이요

긍휼히 여기는 자는 복이 있나니 저희가 긍휼히 여김을 받을 것임이요

마음이 청결한 자는 복이 있나니 저희가 하나님을 볼 것임이요

화평케 하는 자는 복이 있나니 저희가 하나님의 아들이라 일컬음을 받을 것임이요

의를 위하여 핍박을 받은 자는 복이 있나니 천국이 저희 것임이라

나를 인하여 너희를 욕하고 핍박하고 거짓으로 너희를 거스려 모든 악한 말을 할 때에는 너희에게 복이 있나니

기뻐하고 즐거워하라 하늘에서 너희의 상이 큼이라 너희 전에 있던 선지자들을 이같이 핍박하였느니라

너희는 세상의 소금이니 소금이 만일 그 맛을 잃으면 무엇으로 짜게 하리요 후에는 아무 쓸데 없어 다만 밖에 버리워 사람에게 밟힐 뿐이니라

너희는 세상의 빛이라 산위에 있는 동네가 숨기우지 못할 것이요

사람이 등불을 켜서 말 아래 두지 아니하고 등경 위에 두나니 이러므로 집안 모든 사람에게 비취느니라
이같이 너희 빛을 사람 앞에 비취게 하여 저희로 너희 착한 행실을 보고 하늘에 계신 너희 아버지께 영광을 돌리게 하라"(마 5:1-16).

산상수훈(山上垂訓)

마태복음 5장부터 7장까지의 말씀을 "예수님께서 산 위에서 가르친 말씀"이라는 뜻으로 **산상수훈**(山上垂訓)이라고 일컫습니다. 그중에서도 예수님께서는 오늘 읽은 말씀에서 복 있는 사람의 여덟 가지 조건을 제시하셨는데, 그 가르침을 **"팔복"**(八福, Beatitudes)이라고 부릅니다.

"예수께서 무리를 보시고 산에 올라가 앉으시니 제자들이 나아온지라"(마 5:1).

예수님 앞에서 모든 사람이 **"무리"**와 **"제자"**로 나뉩니다. 제자들은 "주님의 가르침"을 좇는 자들이고 무리는 예수님께서 주시는 "육신의 축복"만을 좇는 자들입니다. 예수님께서 보리떡 다섯 개와 작은 물고기 두 마리로 오천 명을 먹이신 후에, 당신께서 바로 사람들에게 영생을 얻게 하는 **"생명의 떡"**이라고 말씀하셨습니다. 그러자 무리는 다 흩어지고 제자들만 남았습니다. 무리는 육신의 떡을 추구하고 제자들은 생명의 떡을 추구합니다. 예수님 당시의 무리가 바로 이 시대의 종교인들입니다. 예수님을 믿어서 육신적으로 잘 되고자 하는 자들은 종교인에 불과합니다. 그들은 예수님을 주님이라고 부르지만 사실 그들의 마음속은 이 세상의 부와 명예와

권력을 추구합니다.

사람은 외모에 제일 관심이 많습니다. "사람들이 나를 어떻게 평가할까? 내가 무엇을 먹고 무엇을 입고 또 어떤 집에 살고 어떤 차를 타고 다니면 행복할까?"—이 세상 사람들, 즉 무리는 이런 것에 온통 관심을 쏟고 있습니다. 그런데 주님의 제자들은 눈에 보이는 것보다 눈에 보이지 않는 영원한 세계에 마음을 쏟습니다. 우리 인생은 잠깐 보이다가 해가 뜨면 사라지는 아침 안개 같은 존재입니다. "**내일 일을 너희가 알지 못하는도다 너희 생명이 무엇이뇨 너희는 잠간 보이다가 없어지는 안개니라**"(약 4:14)고 말씀하셨습니다. 우리 인생은 아무것도 아닙니다. 그러므로 진정 지혜로운 사람은 영생(永生)이 가장 귀한 줄 알고 영생을 지향합니다. 그런 사람은 진리를 찾고 만나서 자유인이 됩니다. 진리의 원형복음을 믿어서 거듭난 주님의 제자들은 자기를 얽매왔던 이 세상의 가치들로부터 자유롭게 되고 하나님 앞에서 진정으로 복된 사람이 됩니다. **산상수훈**(山上垂訓)의 말씀은 제자들에게 하신 말씀입니다. 예수님께서 기뻐하시는 복된 제자들은 어떤 심령이어야 하는가, 무엇을 중하게 여기는 자들인가를 가르치신 말씀이 **산상수훈**이며 그 교훈의 문을 여는 말씀이 **"팔복"**(八福, Beatitudes)의 말씀입니다.

심령이 가난한 자란?

"**심령이 가난한 자는 복이 있나니 천국이 저희 것임이요**"(마 5:3). 심령(spirit)은 사람의 실체이고 본질입니다. 육신은 심령을 담고 있는 그릇에 불과합니다. 우리 속담에 "뚝배기보다 장맛"이라는 속담이 있습니다. 뚝배기가 어떻게 생겼든, 그것이 금으로 만든 뚝배기든 나무 뚝배기든 국의 맛을 결정하는 것은 된장입니다. 우리의 실체(實體, entity)는 외모가 아니라 심령입니다. 사람은 외모를 중시합니다만, 하나님은 사람의 외모를 보지 않고 심령을 살피십니다. 하나님께서는 우리 각자의 심령이 하나님의 구원에 주리고 목말라하는 가난한 심령인지, 아니면 자기의 옳음과 이 땅의 것들로 만족해하는 부유한 심령인지를 살펴보십니다.

그러면 **"심령이 가난한 자"**란 어떤 자입니까? 그것을 알려면 먼저 "심령이 부유한 자"란 어떤 사람인지를 알아야 합니다. 심령이 부유한 자란 자기 스스로를 잘나고 의롭다고 여기는 사람입니다. 사실 그런 자는 죄 사함을 받기 힘듭니다. 반대로 심령이 가난한 자란 자기가 얼마나 악하고 부족하며 연약한지를 잘 알고 자신을 불쌍히 여겨달라고 하나님께 간구하는 자입니다. 이런 자는 주님께서 들려주시는 진리의 복음을 듣고 믿어서 죄 사함을 받고 하나님의 자녀가 됩니다.

율법 앞에 정직하게 서 본 사람은 자기가 얼마나 쓰레기같이 쓸모가 없고 더러운 존재인지를 시인합니다. 우리는 하나님의 율법이 요구하는 거룩함의 수준을 제대로 알아야 합니다. 주님께서는 **"또 간음치 말라 하였다는 것을 너희가 들었으나 나는 너희에게 이르노니 여자를 보고 음욕을 품는 자마다 마음에 이미 간음하였느니라"**(마 5:27-28)고 말씀하셨습니다. 또 성경은 **"그 형제를 미워하는 자마다 살인하는 자니 살인하는 자마다 영생이 그 속에 거하지 아니하는 것을 너희가 아는 바라"**(요일 3:15)고 말씀합니다. 그렇다면 저와 여러분은 날마다 간음하고 살인하는 자가 아닙니까? 하나님께서 우리의 죄대로 심판하시면 우리는 마땅히 지옥불에 들어가야 할 자가 아닙니까? **"심령이 가난한 자"**란 "하나님, 저는 지옥에 가야 마땅한 자입니다" 하고 시인하고 하나님의 긍휼을 간절히 바라는 자입니다.

애통하는 자

"애통하는 자는 복이 있나니 저희가 위로를 받을 것임이요"(마 5:4).

우리가 무엇을 애통해합니까? 자신이 가난한 것을 가장 슬프게 여깁니까? 흙수저로 태어나서 아무 스펙(spec)이 없는 것을 가장 애통하게 여깁니까? 집 한 채 갖지 못하고 셋방살이를 전전하는 것이 가장 슬픕니까? 죄 사함을 받지 못한 죄인은 자기가 죄인이어서 지옥에 가야 하는 것을 가장 슬프게 여겨야 합니다. 그런 사람은 하나님의 은혜를 입어서 죄 사함을 받고 천국 영생을 얻음으로 위로를 받습니다.

이미 죄 사함을 받은 우리 의인들은 무엇을 슬프게 여깁니까? 우리는 영혼들이 지옥으로 가고 있는 것을 애통해합니다. 거듭난 자들은 자기 가족이나 친구들이, 하나님 형상을 따라서 창조된 무수한 영혼들이 진리의 복음을 알지 못해서 지옥 가고 있는 것을 애통해합니다. 우리는 "저 사람들도 복음만 듣고 믿으면 천국의 영생을 얻을 수 있는데…" 하며 안타까워하고 애통해합니다. 하늘에서는 아버지의 뜻이 다 이루어졌는데, 땅에서는 사람들의 마음이 완악하고 강퍅해서 하나님의 뜻이 이루어지지 않고 있습니다. 사람들이 구원을 얻지 못하는 것은 전적으로 그들의 탓입니다. 그런 영혼들을 바라보면서 애통한 마음을 품는 심령의 소유자는 복이 있습니다. 그런 자들은 하나님의 위로를 받습니다. 하나님께서 그런 심령들에게 하나님의 진리의 복음을 전파하게 해서 그들이 듣고 믿음으로 구원을 받을 때에 우리 의인들은 기쁨과 위로를 얻습니다.

온유한 자

"온유한 자는 복이 있나니 저희가 땅을 기업으로 받을 것임이요"(마 5:5).

성경에서 말씀하는 "온유한 자"(the meek)는 성품이 부드럽고 화를 잘 내지 않는 사람을 의미하지 않습니다. "온유한 자"(the meek)란 하나님의 말씀을 듣고 그 말씀에 순종하는 사람을 지칭합니다. "이 사람 모세는 온유함이 지면의 모든 사람보다 승하더라"(민 12:3)고 기록되어 있습니다. 모세는 성품이 불과 같아서 자기 동족을 괴롭히던 애굽 사람을 쳐 죽였습니다. 하나님의 종이 되어서도 불순종한 동족들을 가차없이 칼로 쳐 죽였습니다. 그런데도 하나님께서는 모세를 가리켜 지면(地面)의 모든 사람들 중에서 가장 온유한 자라고 칭찬하셨습니다. 그러므로 성경에서 "온유한 자"(the meek)란 하나님의 말씀을 듣고 그 말씀에 순종하는 사람을 의미합니다.

모세는 애굽 왕의 진노를 피해 미디안 광야에서 40년간을 목동으로 지내면서 자기의 의가 다 깨어진 후에 하나님의 부르심을 받았습니다. 하나님은 모세에게 "이리로 가까이 하지 말라 너의 선 곳은 거룩한 땅이니 네 발에서 신을 벗으라"(출 3:5)고 말씀하셨습니다. 우리의 생각을 부인하고 벗어버려야만 우리는 하나님의 말씀에 순종할 수 있습니다. 주님은 "아무든지 나를 따라 오려거든 자기를 부인하고 자기 십자가를 지고 나를 좇을 것이니라"(마 16:24)고 말씀하셨습니다. 자기의 옳음이나 고집스러운 생각을 부인하고 하나님의 말씀을 좇는 자가 온유한 자입니다.

"**온유한 자는 복이 있나니 저희가 땅을 기업으로 받을 것임이요**"(마 5:5). "땅을 기업으로 받는다"라고 말씀하셨는데, 여기에서 기업(基業)은 두 가지 의미를 내포합니다. 주님은 "**또 내 이름을 위하여 집이나 형제나 자매나 부모나 자식이나 전토를 버린 자마다 여러 배를 받고 또 영생을 상속하리라**"(마 19:29)고 말씀하셨습니다. 온유한 자는 이 땅, 즉 현세에서도 하나님의 축복을 넘치게 받습니다. 그리고 천년왕국 때에 열 고을 다스리는 권세, 다섯 고을 다스리는 권세를 누릴 것입니다. 주님은 당신의 말씀을 온유하게 순종한 의인들에게 내세(來世)뿐 아니라 현세(現世)에서도 넉넉한 기업(基業)을 주십니다.

의에 주리고 목마른 자

"**의에 주리고 목마른 자는 복이 있나니 저희가 배부를 것임이요**"(마 5:6).

여기에서 말씀한 의는 "**하나님의 의**"입니다. "**하나님의 의**"(롬 1:17)는 진리의 원형복음에 분명히 나타나 있습니다. 육신을 입고 오신 성자(聖子) 하나님께서는 인류의 대표자인 세례 요한에게 안수의 형식으로 세례를 받으심으로 인류의 모든 죄와 허물을 단번에 담당하셨습니다. 그리고 십자가에 못 박혀 피 흘리시며 "**다 이루었다**"(요 19:30)라고 외치시고 돌아가셔서 인류의 모든 죄를 완벽하게 대속(代贖)하셨습니다. 예수께서 "**물과 피로 임**"(요일 5:6)

하셔서 **"하나님의 의"**를 완성하시고 믿는 자에게 그 의를 선물로 주셨습니다. 죄 사함을 받지 못한 사람은 하나님의 의를 갈구해야 합니다. 그러면 주님께서 생수와 같은 원형복음을 마시게 하셔서 다시는 목마르지 않는 은총을 누리게 됩니다.

"하나님의 의"는 주님께서 주시는 생수의 말씀입니다. 사마리아의 수가(Sychar) 성(城) 밖의 우물가에서 주님은 한 여인을 만나셔서, **"이 물을 먹는 자마다 다시 목마르려니와 내가 주는 물을 먹는 자는 영원히 목마르지 아니하리니 나의 주는 물은 그 속에서 영생하도록 솟아나는 샘물이 되리라"**(요 4:13-14)고 말씀하셨습니다. 자기가 얼마나 추악한 죄인인 줄 인정하는 자는 하나님의 의를 목말라하고, 주님은 그런 심령을 진리의 복음으로 만나 주십니다. 심령이 가난한 자는 주님께로부터 다시는 목마르지 않을 생명의 말씀을 듣고 믿어 참된 만족을 얻게 됩니다.

긍휼히 여기는 자

"긍휼히 여기는 자는 복이 있나니 저희가 긍휼히 여김을 받을 것임이요"(마 5:7).

"긍휼히 여기는 자"란 남에게 자비를 베푸는 사람(the merciful)을 의미합니다. 다른 사람의 불쌍한 처지를 외면하지 않고 도움을 베푸는 사람을 우리는 **"자비롭다"**라고 인정합니다. 여러분은 다른 영혼들을 볼 때, 그들을 불쌍히 여기는 마음이 있습니까? 자기가 어떤 처지에서 죄 사함을 받았는지를 잊어버린 사람은 다른 사람을 긍휼히 여기지 못합니다. 자기의 꼬락서니를 모르는 사람은 다른 사람을 긍휼히 여기기보다는 오히려 판단하고 폄하하고 힐난합니다. 여러분이 다른 사람에게 손가락질을 할 때에 더 많은 손가락이 자기를 향합니다.

자기 모습을 망각하는 것이 큰 문제입니다. 예수님도 외식하는 자들에게, **"어찌하여 형제의 눈속에 있는 티는 보고 네 눈속에 있는 들보는 깨닫지 못하느냐"**(마 7:3) 하고 책망하셨습니다. 저도 제 꼬락서니를 망각하면 형제를 판단하는 마음이 먼저 올라옵니다. 하나님 앞에서 다른 이들을 긍휼히 여기는 마음이 되려면 자기 꼬락서니를 잊지 말아야 합니다. 자신이 어떤 처지에서 구원을 받았고 나 자신이 어떤 자인데 값없이 하나님의 은혜를 입었는지를 기억한다면, 다른 사람을 긍휼히 여기는 마음이 새록새록 솟아납니다. 형제 자매를 판단하기보다는 불쌍히 여기는 마음이 일어납니다. 그렇게 영혼들을 불쌍히 여기는 자는 또한 하나님께로부터 불쌍히 여김을 받습니다.

마음이 청결한 자

"마음이 청결한 자는 복이 있나니 저희가 하나님을 볼 것임이요"(마 5:8, Blessed are the pure in heart: for they shall see God. KJV).

죄 사함을 받지 못한 자는 죄 사함을 받고 청결한 마음을 가져야 합니다. 거듭난 자라도 만일 돈이나 권력이나 명예나 쾌락을 하나님보다 더 사랑한다면 마음이 청결하다고 할 수 없습니다. 죄 사함을 받은 의인이라도 자기의 마음에 여전히 우상을 숨기고 있다면 마음이 청결하지 못하기 때문에 하나님을 뵙지 못합니다. 여러분의 마음을 지저분한 것들이 차지하고 있다면 여러분은 하나님을 기쁨으로 뵐 수 없습니다.

마음이 청결한 자들이 하나님을 늘 뵙습니다. 기쁨으로 하나님을 뵙고 하나님과 친밀히 교제하며 은혜를 입는 자가 누구입니까? 마음에 흰 눈같이 죄 사함을 받은 후에 청결한 마음을 지키려고 자기의 마음에서 우상을 제거한 자입니다. 이스라엘 백성들은 하나님의 은혜를 입었으면서도 조금만 편안해지면 끊임없이 우상숭배에 빠지곤 했습니다. 그때마다 하나님은 당신의 종들을 보내셔서 산당(山堂)을 헐어버리고 우상들을 다 불태웠습니다. 우리도 마음에서 우상을 제거(除去)해야 합니다. 하나님보다 더 사랑하는 것들을 제하고 우리 마음을 투명하고 푸른 하늘처럼 지킬 때, 우리는 기쁨으로 하나님을 뵐 수 있습니다.

화평케 하는 자

"**화평케 하는 자**는 복이 있나니 저희가 하나님의 아들이라 일컬음을 받을 것임이요"(마 5:9).

사람들이 하나님과 화평(和平)하지 못하는 이유는 바로 죄 때문입니다. 죄의 담이 가려진 사람은 하나님과 화목할 수 없습니다. "**화평케 하는 자들**"(the peacemakers)이란 사람들의 마음을 가로막고 있는 죄의 담을 허물어 주어서 그들이 하나님과 화평할 수 있도록 진리의 복음을 전해 주는 자들입니다. 따라서 진리의 원형복음을 전파하는 의인들이 바로 "**화평케 하는 자**"입니다.

복음의 일꾼들은 그들 자신이 하나님과 화평할 뿐 아니라 다른 사람들과도 화평합니다. 자기 마음속에 진리가 있기 때문에 다른 사람들을 긍휼히 여기고 관용합니다. 거듭나지 못한 사람들은 그럴 수밖에 없다는 사실을 잘 알기에, 하나님의 일꾼들은 웬만하면 죄 사함을 받지 못한 자들을 긍휼히 여기고 그들의 웬만한 허물들은 다 용납합니다. 물론 어떤 이들이 하나님의 말씀을 훼방하고 대적하면 의인들은 단호하게 그들을 책망하지만, 근본적으로 그들을 불쌍히 여깁니다. 화평케 하는 자, 즉 의의 복음을 전파해서 영혼들이 하나님과 화평케 하고 또 그들이 이 땅에서 의로운 삶을 살게 하는 자는 복이 있습니다.

의를 위하여 핍박을 받는 자

"의를 위하여 핍박을 받은 자는 복이 있나니 천국이 저희 것임이라"(마 5:10).

하나님의 의(義)의 복음을 전파하다가 세상에서 배척과 핍박을 받고 심지어는 순교까지 하는 사람은 복이 있습니다. 우리가 전적으로 복음을 위해서 살면 여러 가지 어려움이 옵니다. 물질적인 어려움도 있고 세상 사람들에게서 배척도 당하기도 합니다. 거듭나지 못한 기독죄인들(Christian-sinners)에게서 이단(異端)이라는 낙인이 찍히는 것도 우리에게는 다반사입니다. 세상이 거듭난 우리들을 칭찬하면 우리에게는 화가 있습니다. 세상이 우리를 칭찬하면 우리가 그들과 본질상 똑같다는 말이기에, 우리가 세상에서 배척을 당하고 비난을 받는 것은 당연합니다. 예수님을 믿으면서도 거듭나지 못한 기독죄인들이 얼마나 우리를 배척하는지 압니까? 우리 안에 있는 진리의 복음은 밝은 빛이기 때문에, 우리는 어두움에 속한 이 세상의 모든 세력들의 공격 대상이 됩니다. 그래서 우리가 핍박을 받는 것이 당연한데, 그런 핍박 속에서도 의연하게 믿음을 지키며 하나님의 뜻을 좇는 자들이 천국의 영생을 누리는 것입니다.

"나를 인하여 너희를 욕하고 핍박하고 거짓으로 너희를 거스려 모든 악한 말을 할 때에는 너희에게 복이 있나니 기뻐하고 즐거워하라 하늘에서 너희의 상이 큼이라 너희 전에 있던 선지자들을 이같이 **핍박하였느니라**"(마 5:11-12). 물론 우리가 복음으로 인해서 사람들에게 무시와 배척을 당하면 순간적으로는 억울하고 기분이 몹시 나쁩니다. 그런데 주님께서는 **"기뻐하고 즐거워하라"**라고 말씀하셨습니다. 조금 전에 우리가 부른 "우리 일어나 함께 가자"라는 찬양의 가사에, "♪때로는 너의 사랑 배척당하고 ♪때로는 너의 맘 아파도~" 하는 가사가 있습니다. 우리가 전파하는 주님의 사랑이 배척당해서 마음이 아플 때가 많지만 우리는 기뻐하고 즐거워합니다. 왜 그렇게 기뻐합니까? 우리에게 예비된 하늘의 상이 크기 때문입니다. 믿음의 선배들도 그런 믿음으로 주님의 뜻을 좇았습니다. 그래서 우리도 믿음의 선배들과 같이 강건한 믿음으로 마음을 지키게 해달라고 주님께 기도드려야 할 것입니다.

세상의 소금, 세상의 빛

"너희는 세상의 소금이니 소금이 만일 그 맛을 잃으면 무엇으로 짜게 하리요 후에는 아무 쓸데 없어 다만 밖에 버리워 사람에게 밟힐 뿐이니라 너희는 세상의 빛이라 산위에 있는 동네가 숨기우지 못할 것이요"(마 5:13-14).

산상수훈(山上垂訓)의 말씀은 "무리"에게 하신 말씀이 아니라 "제자들"에게 하신 말씀입니다. 주님께서는 하나님의 의를 믿는 제자들에게 "너희는 세상의 소금이고 세상의 빛이다"라고 선포하셨습니다. 주님은 "너희는 빛이 되라" 혹은 "너희는 소금이 되어야 한다"라고 당위적(當爲的)인 말씀을 하지 않았습니다. 거듭나지 못한 목사들은 자기의 교인들에게 "너희는 세상의 빛이 되고 소금이 되어라"라고 설교합니다. 사람이 소금이 되려고 노력한다고 소금이 되겠으며 빛이 되려고 노력한다고 빛이 되겠습니까? 주님이 우리를 이 세상의 빛과 소금으로 만들어 주셨기 때문에 거듭난 자들은 이미 세상의 빛이고 소금입니다. 우리는 하나님의 은혜로 이미 세상의 빛과 소금이 되었습니다. "나는 세상의 빛이고 소금이 되었다"라는 사실이 우리가 이 땅에서 살아갈 존재이유(存在理由, Reason of being)입니다.

소금은 능력이 있습니다. 첫째, 소금은 모든 부패를 막아 줍니다. **"만물보다 거짓되고 심히 부패한 것은 마음이라 누가 능히 이를 알리요마는"**(렘 17:9)이라고 기록되어 있습니다. 사단 마귀가 불어넣어 준 죄 때문에 사람들의 마음이 썩어 문드러지고 있는데, 거듭난 의인들이 그들에게 진리의 복음을 전해 주면 썩어 들어가던 그들의 마음이 소생됩니다.

둘째로 소금은 맛을 냅니다. 소금이 없다면 무엇으로 음식의 맛을 내겠어요? 간이 맞지 않는 음식은 먹기가 정말 힘듭니다. 설탕은 대체제가 많습니다. 조청도 있고, 꿀도 있고, 사카린도 있고, 껌의 단맛을 내는 자일리톨도 있습니다. 그런데 짠맛은 소금 외에는 아무것도 낼 수 없습니다. 그리고 소금기가 전혀 없으면 사람이 죽습니다. 혈중의 나트륨 농도가 일정하게 유지되지 않으면 그런 사람은 전해질(電解質)에 이상이 와서 부정맥이 오거나 자칫하면 심장마비로 죽습니다. 거듭난 우리에게는 영적인 소금이 있어서 사람들이 우리가 전하는 말씀을 받아들이면 살맛을 느낍니다. 어떤 선배가 저에게 "김 목사는 정말 행복한 것 같네"라고 말하길래, 저는 "나는 정말 행복하다"라고 대답했습니다. 저는 살맛을 찾은 사람이고 살 만한 이유가 있는 사람입니다. 거듭난 의인들은 살맛이 있습니다. 소금은 진리의 복음입니다. 진리의 복음이 우리 안에 있어서 다른 사람들의 부패도 막아 주고 자기의 타락도 막아 줍니다. 또 진리의 복음으로 인해 다른 사람에게도 살맛을 느끼게 해 주고 자기도 살맛을 느끼며 삽니다.

빛은 어두움과 대척(對蹠)되는 단어입니다. 어두움이 죄라면 빛은 **"하나님의 의"**입니다. 우리에게는 하나님의 의가 충만하게 담겨 있는 진리의 원형복음(原形福音)이 있습니다. 그 진리의 빛이 우리의 마음에 들어오자 어두움은 단번에 물러갔습니다. 우리 가운데 오셔서 어두움을 몰아낸 참 빛은 예수 그리스도입니다. 진리의 빛이 우리 마음에 들어와서 밝혀진 순간에 어두움은 모두 사라졌습니다. 예수 그리스도는 진리의 빛입니다. 성자(聖子) 하나님께서 우리에게 오셔서 우리 마음에 진리의 빛을 밝혀 주셨습니다. 그래서 우리 자신이 빛이 되었습니다.

착한 행실이란?

"사람이 등불을 켜서 말 아래 두지 아니하고 등경 위에 두나니 이러므로 집안 모든 사람에게 비취느니라 이 같이 너희 빛을 사람 앞에 비취게 하여 저희로 너희 착한 행실을 보고 하늘에 계신 너희 아버지께 영광을 돌리게 하라"(마 5:15-16).

등불을 켜서 큰 그릇으로 덮어놓는 자가 어디 있겠습니까? 등불을 밝혔으면 구석구석의 어두움까지 몰아내도록 당연히 높은 곳에 올려놓습니다. 어떤 이들은 빛을 미워하는 사람들에게 배척당하니까 켜진 등불을 몰래 뒤로 감추는 경우도 있습니다. 그렇지만 주님이 우리 마음에 진리의 빛을 밝혀 주신 것은 진리의 횃불을 높이 들어서 어둠에 갇힌 자들이 그 빛을 보고 빛으로 나와서 그들도 빛이 되게 하기 위함입니다. 우리가 진리의 복음을 믿음으로 진리의 등불이 우리의 마음에 밝혀졌는데, 그 빛이 두루 비추지 못하도록 스스로 가려서야 되겠습니까?

"너희 안에 켜준 진리의 등불을 높이 들어서 많은 사람들에게 비춰 줘라. 그래서 그들이 너희의 착한 행실을 보고 하나님께 영광을 돌리게 하라"라고 주님께서 말씀하십니다. 여기서 **"너희 착한 행실"**(your good works)이라는 것은 굶주린 자들에게 빵을 나눠 주고 거지를 데려다가 목욕시키고 좋은 옷을 입혀 주고 소외된 지역에 수도나 전기를 놓아 주는 봉사활동이나 자선사업을 의미하지 않습니다. 진정으로 선한 일은 영혼들에게 복음을 전해서 그들을 구원하는 일입니다. 주님께서 말씀하시는 착한 행실은 지옥에 갈 영혼들을 구원하는 영적 사역을 의미합니다. 우리는 **"그리스도 예수 안에서 선한 일을 위해서 지음을 받은 자"**(엡 2:10)들입니다. 진리의 원형복음을 전해 줘서 영혼들을 구원하는 것보다 착한 행실은 없습니다. 우리들이 착한 행실에 마음을 두고 살아갈 때 영혼들이 우리 안에 있는 참 빛을 보고 나와서 자기들도 구원을 받고 하나님께 영광을 돌립니다. **"너희 속에 착한 일을 시작하신 이가 그리스도 예수의 날까지 이루실 줄을 우리가 확신하노라"**(빌 1:6)고 말씀합니다.

오늘 우리는 산상수훈의 첫째 부분, 즉 **"팔복"**(八福, Beatitudes)의 말씀을 나누었습니다. 우리는 이 말씀 앞에 스스로 자기의 마음을 비춰 보고 하나님의 축복을 넉넉히 받지 못하게 하는 잘못된 부분이 있다면 돌이켜야 합니다. 우리 모두가 하나님 앞에서 팔복의 은혜를 누리는 복된 심령이 되기를 바랍니다.

말씀을 마쳤습니다.

율법 앞에 정직하게 서 보아라

"내가 율법이나 선지자나 폐하러 온 줄로 생각지 말라 폐하러 온 것이 아니요 완전케 하려 함이로라

진실로 너희에게 이르노니 천지가 없어지기 전에는 율법의 일점 일획이라도 반드시 없어지지 아니하고 다 이루리라

그러므로 누구든지 이 계명 중에 지극히 작은 것 하나라도 버리고 또 그같이 사람을 가르치는 자는 천국에서 지극히 작다 일컬음을 받을 것이요 누구든지 이를 행하며 가르치는 자는 천국에서 크다 일컬음을 받으리라

내가 너희에게 이르노니 너희 의가 서기관과 바리새인보다 더 낫지 못하면 결단코 천국에 들어가지 못하리라

옛 사람에게 말한바 살인치 말라 누구든지 살인하면 심판을 받게 되리라 하였다는 것을 너희가 들었으나

나는 너희에게 이르노니 형제에게 노하는 자마다 심판을 받게 되고 형제를 대하여 라가라 하는 자는 공회에 잡히게 되고 미련한 놈이라 하는 자는 지옥 불에 들어가게 되리라

그러므로 예물을 제단에 드리다가 거기서 네 형제에게 원망 들을만한 일이 있는줄 생각나거든

예물을 제단 앞에 두고 먼저 가서 형제와 화목하고 그 후에 와서 예물을 드리라

너를 송사하는 자와 함께 길에 있을 때에 급히 사화하라 그 송사하는 자가 너를 재판관에게 내어주고 재판관이 관예에게 내어주어 옥에 가둘까 염려하라

진실로 네게 이르노니 네가 호리라도 남김이 없이 다 갚기 전

에는 결단코 거기서 나오지 못하리라

또 간음치 말라 하였다는 것을 너희가 들었으나

나는 너희에게 이르노니 여자를 보고 음욕을 품는 자마다 마음에 이미 간음하였느니라

만일 네 오른눈이 너로 실족케 하거든 빼어 내버리라 네 백체 중 하나가 없어지고 온 몸이 지옥에 던지우지 않는 것이 유익하며

또한 만일 네 오른손이 너로 실족케 하거든 찍어 내버리라 네 백체 중 하나가 없어지고 온 몸이 지옥에 던지우지 않는 것이 유익하니라

또 일렀으되 누구든지 아내를 버리거든 이혼 증서를 줄 것이라 하였으나

나는 너희에게 이르노니 누구든지 음행한 연고 없이 아내를 버리면 이는 저로 간음하게 함이요 또 누구든지 버린 여자에게 장가드는 자도 간음함이니라"(마 5:17-32).

오늘의 본문은 산상수훈(山上垂訓)의 말씀 중에서 율법에 대한 가르침입니다. 예수님께서는 율법이 요구하는 거룩함의 수준이 얼마나 높고 완벽한지를 가르쳐주시고 그 율법 앞에 정직하게 서 볼 것을 우리에게 요구하십니다. 율법 자체는 거룩하고 선하며 의로운 것(롬 7:12)입니다. 그래서 주님은 "내가 율법이나 선지자나 폐하러 온 줄로 생각지 말라 폐하러 온 것이 아니요 완전케 하려 함이로라 진실로 너희에게 이르노니 천지가 없어지기 전에는 율법의 일점 일획이라도 반드시 없어지지 아니하고 다 이루리라"(마 5:17-18)고 말씀하셨습니다.

율법이란 무엇인가?

　우리는 먼저 율법이 무엇인지에 대해서 잘 알아야 합니다. 율법은 하나님께서 우리에게 지키라고 주신 계명(誡命, commandments)입니다. 율법은 총 613개 계명으로 이루어졌는데, 그 모든 계명들을 요약하면 십계명(十誡命)이 됩니다. 십계명 중에서 위의 네 계명은 사람이 하나님께 대해서 지킬 도리(道理)들입니다.
　"너는 나 외에는 다른 신들을 네게 있게 말찌니라
　너를 위하여 새긴 우상을 만들지 말고 또 위로 하늘에 있는 것이나 아래로 땅에 있는 것이나 땅아래 물속에 있는 것의 아무 형상이든지 만들지 말며
　그것들에게 절하지 말며 그것들을 섬기지 말라 나 여호와 너의 하나님은 질투하는 하나님인즉 나를 미워하는 자의 죄를 갚되 아비로부터 아들에게로 삼 사대까지 이르게 하거니와 나를 사랑하고 내 계명을 지키는 자에게는 천 대까지 은혜를 베푸느니라
　너는 너의 하나님 여호와의 이름을 망령되이 일컫지 말라 나 여호와는 나의 이름을 망령되이 일컫는 자를 죄 없다 하지 아니하리라
　안식일을 기억하여 거룩히 지키라"(출 20:3-8).

　십계명의 제5계명부터 제10계명까지는 사람들 사이에 지켜야 할 도리들입니다.
　"네 부모를 공경하라 그리하면 너의 하나님 나 여호와가 네게 준 땅에서 네 생명이 길리라
　살인하지 말찌니라

간음하지 말찌니라
도적질하지 말찌니라
네 이웃에 대하여 거짓 증거하지 말찌니라
네 이웃의 집을 탐내지 말찌니라"(출 20:12-17).

우리가 과연 계명들을 지킬 수 있는가?

이 계명들은 의롭고 선하며 거룩한 것들입니다. 믿는 우리에게는 하나님 한 분 이외에 다른 신이 있을 수 없습니다. 그리고 우리 하나님은 사랑의 하나님입니다. 그러니 하나님만을 믿고 경배하는 것이 마땅합니다. 나머지 모든 계명들도 선하고 의롭고 거룩한 도리(道理)들이기에 우리가 힘써 지키는 것이 마땅합니다. 그런데 "우리가 이 계명들을 지킬 수 있느냐?"라는 것이 문제입니다. 우리 인간이 과연 이 계명들을 지킬 수 있느냐? 만일 계명을 지키지 못하고 어겼다면 그것이 죄입니다. 그리고 죄가 있으면 죄의 값으로 반드시 지옥에 가야 합니다.

주님은 "내가 율법이나 선지자나 폐하러 온 줄로 생각지 말라 폐하러 온 것이 아니요 완전케 하려 함이로라 진실로 너희에게 이르노니 천지가 없어지기 전에는 율법의 일점 일획이라도 반드시 없어지지 아니하고 다 이루리라"(마 5:17-18)고 말씀하셨습니다. 예수님은 우리를 향한 율법의 요구에 대해서 율법의 한 점 한 획이라도 땅에 떨어지지 않고 다 이루어지게 하신 분입니다.

율법이 우리에게 요구하는 것은 거룩함입니다. "나는 너희의 하나님이 되려고 너희를 애굽 땅에서 인도하여 낸 여호와라 내가 거룩하니 너희도 거룩할찌어다"(레 11:45)라고 말씀하셨습니다. 그런데 "우리는 걸음걸음마다 죄를 흘리고 다니는 죄 덩어리"라는 사실이 문제입니다. 율법의 요구는 우리의 거룩함인데, 우리는 죄만 짓는 자들입니다. 우리 스스로는 율법을 도저히 지킬 수 없고 거룩함을 이룰 수 없습니다. 그래서 하나님께서 당신의 외아들을 육신으로 보내 주셔서 그 아들이 친히 **"율법의 요구"**(롬 8:4)인 우리의 거룩함을 다 이루어 주셨습니다. 거룩함은 죄가 없는 상태입니다. 하나님의 어린양으로 오신 예수님께서 흠 없는 제물이 되셨습니다. **"이제 허락하라 우리가 이와 같이 하여 모든 의를 이루는 것이 합당하니라"**(마 3:15)고 말씀하신 주님의 명령을 좇아서 인류의 대표자인 세례 요한이 예수님에게 안수의 형식으로 세례를 베풀었습니다. **"그 세례"**(the Baptism, 행 10:37)로 세상의 모든 죄가 단번에 예수님께로 넘어갔고, 예수님은 그 모든 죄를 짊어지고 십자가에서 대속의 피를 흘리심으로 우리의 모든 죄를 없애 주셨습니다. 주님께서 **"한 영원한 제사"**(히 10:12)를 드려 주심으로 우리가 거룩함을 얻었습니다.

그러면 예수님께서 율법의 요구를 다 해결해 주셨다고 이제는 우리가 율법을 폐기하고 지키지 않아도 됩니까? 어떤 무리는 "예수님께서 세례로 우리의 평생의 죄를 다 가져가셨으니 이제는 죄를 마구 지어도 죄가 없다"라고 주장하며 죄를 죄로 여기지도 않습니다. 그들은 사역자로 훈련을 받는 사람들의 의(義)를 깨야 한다고 슈퍼마켓에서 도둑질을 시킵니다. 그들은 참으로 희한한 자들입니다. 예수님은 율법을 폐하러 오신 분이 아닙니다. 율법 자체는 거룩하고 선하고 의로운 것입니다. 다만 우리가 연약해서 율법을 도저히 지킬 수 없기 때문에, 예수님께서 율법의 요구를 다 해결해 주심으로 우리를 율법의 저주에서 해방시켜 주신 것뿐입니다.

"그러므로 누구든지 이 계명 중에 지극히 작은 것 하나라도 버리고 또 그같이 사람을 가르치는 자는 천국에서 지극히 작다 일컬음을 받을 것이요 누구든지 이를 행하며 가르치는 자는 천국에서 크다 일컬음을 받으리라 내가 너희에게 이르노니 너희 의가 서기관과 바리새인보다 더 낫지 못하면 결단코 천국에 들어가지 못하리라"(마 5:19-20). 예수님께서 율법의 요구를 다 이루어 주셨다고 해서 율법을 경시하고 폐할 수 없습니다. 그렇게 행하며 가르치는 자는 주님의 제자가 아니며 천국에도 들어가지 못합니다. 천국은 서기관과 바리새인보다 더 나은 의, 즉 예수님께서 **"물과 피로 임"**(요일 5:6)하셔서 이루신 **"하나님의 의"**를 옷 입지 않으면 결코 들어갈 수 없습니다. 서기관과 바리새인들은 행위적으로는 율법을 잘 지키는 자들입니다. 그러나 율법을 외모로만 지켰다고 하나님 앞에서 의롭다고 인정되지 못합니다. 율법은 마음에까지 적용되는 거룩한 법입니다. 그래서 예수님께서는 우리들이 자신의 꼬락서니를 깨닫도록 율법의 골간(骨幹)을 이루는 십계명(十誡命)을 하나하나 풀어 주셨습니다.

우리는 살인하고 간음하는 자들입니다

"옛 사람에게 말한바 살인치 말라 누구든지 살인하면 심판을 받게 되리라 하였다는 것을 너희가 들었으나 나는 너희에게 이르노니 형제에게 노하는 자마다 심판을 받게 되고 형제를 대하여 라가라 하는 자는 공회에 잡히게 되고 미련한 놈이라 하는 자는 지옥 불에 들어가게 되리라"(마 5:21-22).
사람들은 실제로 남을 죽이는 것만을 "살인"이라고 생각합니다.

그런데 하나님은 우리의 심령을 감찰하시는 분입니다. 그래서 하나님은 우리가 마음으로 누구를 미워한 것 자체를 살인 행위로 여기십니다. 사람을 칼이나 몽둥이나 돌로 쳐 죽이는 것만 살인이 아니라 우리가 마음에서 다른 이들을 미워하고 저주하는 것도 살인입니다. 그러니 우리가 마음으로 얼마나 많은 살인을 합니까? 행위로 율법을 어긴 것뿐 아니라 우리가 마음으로 악을 행하고 독심을 품은 것도 모두 지옥에 가야 할 죄입니다. **"그 형제를 미워하는 자마다 살인하는 자니 살인하는 자마다 영생이 그 속에 거하지 아니하는 것을 너희가 아는 바라"**(요일 3:15)고 말씀하셨습니다.

십계명은 또한 **"간음하지 말라"**라고 하셨습니다. 사람들은 실제 행동으로 성적인 범죄를 저질렀을 경우만을 간음(姦淫)이라고 생각합니다. 그런데 주님은 **"여자를 보고 음욕을 품은 자마다 마음에 이미 간음하였느니라"**(마 5:28)고 말씀하셨습니다. 그렇다고 하면 저와 여러분은 날마다 간음하는 자가 아닙니까? 우리는 날마다 살인하고 간음하고 도둑질하는 자입니다. 우리가 과연 율법을 지킬 수 있습니까? 제가 예수님을 믿고 율법을 지키면서 바르게 살아보려고 몸부림쳤던 시절에, 하나님의 말씀에 저 자신을 비춰보면 늘 마음으로 간음하며 살인하며 도둑질하는 제 모습을 바라보며 참으로 괴로워했습니다. 그래서 새벽마다 눈물로 회개를 하고, 자주 금식 기도를 드렸었습니다. 그래도 내 마음에는 행위와 생각으로 지은 죄가 가득 쌓여만 갔었습니다.

죄가 있으면 지옥에 갑니다

"진실로 네게 이르노니 네가 호리라도 남김이 없이 다 갚기 전에는 결단코 거기서 나오지 못하리라"(마 5:26).

여기 기록된 "거기서"는 지옥을 가리킵니다. 우리의 죄가 호리(毫釐)만큼이라도 마음에 남아 있으면 지옥의 판결을 면할 수 없습니다. 호리(毫釐)는 옛날 저울이나 자(尺)의 작은 눈금들을 가리키는 말입니다. 즉 주님께서는 우리의 죄가 눈꼽만큼만 있어도 우리는 결단코 지옥 불의 형벌을 피할 수 없다고 말씀하셨습니다. 그래서 저는 거듭나기 전에 죄 때문에 늘 두렵고 괴로워했습니다. "나의 모든 죄를 예수님께서 십자가의 보혈로 깨끗이 씻어 주셨다"라는 교리를 붙들고 기도하며 "그러니 내 마음에는 죄가 없다"라고 끊임없이 다짐을 해 보았지만 마음에는 여전히 죄가 있었습니다. 그래서 늘 두렵고 괴로웠습니다. 저는 결국 하나님 앞에 무릎을 꿇었습니다. 율법이 요구하는 거룩함의 수준을 아는 사람은 "하나님, 저는 지옥에 가야 할 자입니다. 저를 불쌍히 여겨 주십시오" 하고 하나님 앞에 무릎을 꿇을 수밖에 없습니다. 그런 저를 주님께서 만나 주셨습니다. 저는 성자(聖子) 하나님이신 예수 그리스도께서 육신을 입고 이 땅에 오셔서 세례와 십자가로 이루신 하나님의 의를 믿음으로 **"서기관이나 바리새인의 의보다 더 나은 의"**를 얻게 되었습니다.

실족(失足)하게 하는 일

"만일 네 오른눈이 너로 실족케 하거든 빼어 내버리라 네 백체 중 하나가 없어지고 온 몸이 지옥에 던지우지 않는 것이 유익하며 또한 만일 네 오른손이 너로 실족케 하거든 찍어 내버리라 네 백체 중 하나가 없어지고 온 몸이 지옥에 던지우지 않는 것이 유익하니라"(마 5:29-30).

만일 우리가 율법을 어길 때마다 우리 몸의 지체(肢體)를 잘라 버린다면 우리 몸에 남아날 것이 있겠어요? 우리는 매일 눈으로 간음하는데 눈알이 남아나겠어요? 또 우리가 손과 발로 얼마나 많은 죄를 짓습니까? 제가 처음 제주도에 내려와서 지병을 치료하기 위해 요양하며 산책을 나가곤 했는데, 한적한 산책로 주변에 노랗게 익은 귤이 지천이었습니다. 혹시 저는 보는 사람이 있는가를 살펴본 후에 귤 몇 개를 따서 주머니에 넣어 두고 걸어가면서 까먹곤 했습니다. 그러니 이 말씀을 문자 그대로 해석한다면 죄를 지은 내 손목도 짤라 버렸어야 할 것입니다.

사전적으로 실족(失足)이란 "발을 헛디뎌서 넘어지는 것"을 의미합니다. 그런데 여기서 말씀하는 실족(失足)은 영적인 실족을 의미합니다. 주님은 **"또 누구든지 나를 믿는 이 소자 중 하나를 실족케 하면 차라리 연자 맷돌을 그 목에 달리우고 바다에 던지움이 나으리라"**(막 9:42)고 말씀하셨습니다. 영적으로 실족하게 하는 일은 "복음 진리의 정도(正道)에서 벗어나서 사망에 떨어지도록 잘못 인도하는 것"을 말합니다. 하나님께서는 예수 그리스도의 전적인 공로로 완성된 하나님의 의를, 즉 서기관이나 바리새인보다 더 나은 의를 우리에게 입혀 주셨습니다. 그런데 어떤 자들은 자기들의 욕망을 채우려고 겨우 구원을 얻은 어린 영혼들을 유혹해서 다른 복음을 좇게 합니다. 복음을 전파한다 하면서 시한부 종말론(時限附終末論)을 주장하며 신자들을 착취하고 유린하는 집단들도 많습니다. 그런 사단 마귀의 종들은 연자 맷돌을 목에 걸고 바다에 던져지는 것이 낫습니다.

거듭난 의인들에게 있어서 율법이란 무엇인가?

율법은 거룩하고 선하고 의로운 것입니다. 율법 자체는 결코 잘못된 것이 아닙니다. 그런데 과연 우리가 율법을 지킬 수 있느냐? 우리는 절대로 율법을 온전히 지킬 수 없습니다. 그래서 우리는 예수님이 우리에게 이루어 주신 하나님의 의를 믿음으로 율법의 저주에서 해방된 것을 감사할 수밖에 없습니다.

그러면 예수님께서 율법의 요구를 다 이루어 주시고 우리를 율법의 저주에서 해방시켜 주셨다고 이제는 율법을 폐지해도 되느냐? 그렇지 않습니다. 율법은 거룩하고 의로운 하나님의 법입니다. 거듭난 자들도 율법은 지켜야 합니다. 다 지킬 수는 없을지라도 일부러 율법을 어기는 것은 잘못된 것입니다. 간음의 죄도 예수님께서 세례를 받으실 때에 다 가져가셨으니까 우리가 간음을 해도 상관이 없다고 가르치며 죄를 더 많이 짓는 자들이 있습니다. 그러나 우리는 절대로 율법을 경홀히 여겨서는 안됩니다.

율법은 육신의 법만이 아니라 영의 법입니다. 사도 바울은 **"모세 율법에 곡식을 밟아 떠는 소에게 망을 씌우지 말라 기록하였으니 하나님께서 어찌 소들을 위하여 염려하심이냐"**(고전 9:9)라고 지적했습니다. 타작마당에서 일하는 소는 하나님의 종들을 계시하며, 하나님 종들은 마땅히 일한 삯을 받을 권한이 있다는 말씀입니다. 물론 바울은 사례비를 받을 권한을 주장하지 않고 자기 손으로 천막을 짜서 얻은 수입으로 복음 전파의 비용을 감당했습니다. 아무튼 율법은 육신의 규범(規範)만이 아니라 우리 영혼이 의로운 길을 가도록 인도하는 영적 규범입니다.

예를 들어서 **"네 부모를 공경하라"**라고 말씀하셨는데, 이 말씀은 육신의 부모만 공경하라는 수준을 넘어서 영의 부모인 하나님과 하나님의 종들도 공경해야 할 것을 의미합니다. 레위기 11장에는 이스라엘 백성이 먹어야 할 것들과 먹지 못할 부정(不淨)한 것들을 규정한 식물규례(食物規例)가 기록되어 있습니다. 하나님께서 이 식물규례(食物規例)를 문자적(文字的)으로 지키라고 우리에게 주셨겠습니까? "짐승 중 무릇 굽이 갈라져 쪽발이 되고 새김질하는 것"(레 11:3)은 먹으라고 하셨습니다. 그래서 유대인들은 돼지고기를 먹지 않습니다. 돼지고기가 얼마나 맛있습니까? 이 말씀은 거듭난 의인들이 세상과 분리되고 하나님의 말씀을 늘 되새김질해야 할 것을 말씀합니다. "무릇 강과 바다와 다른 물에 있는 것 중에 지느러미와 비늘 있는 것"(레 11:9)은 먹되 "지느러미와 비늘 없는 것은 너희에게 가증한 것"(레 11:10)이라고 말씀하셨습니다. 문자적으로만 해석하면, 그렇게 맛있고 영양이 좋은 오징어나 뱀장어도 우리는 먹지 말아야 합니다. 이 말씀들은 의인들이 의의 갑옷을 입고 세상의 풍조를 역행해서 저 높은 곳을 향해 나아가야 할 것을 말씀합니다. 이와 같이 율법은 육신의 법이라기보다 영의 규범입니다.

율법의 요구를 다 이루어 주신 예수님

하나님께서 왜 우리에게 율법을 주셨습니까? 인간들이 죄를 죄로 여기지 않기 때문에 그들 스스로 죄인인 것을 깨닫게 하려고 하나님께서는 율법을 주셨습니다. 우리가 율법의 거울 앞에 서 보면 자신이 얼마나 더러운 존재인지를 깨닫게 됩니다. 율법이 없으면 죄는 죽은 것입니다. 그래서 성경은 **"율법으로는 죄를 깨달음이**

니라"(롬 3:20)고 하셨고 또 "**율법이 가입한 것은 범죄를 더하게 하려 함이라**"(롬 5:20)고 말씀합니다. 심령이 정직한 자는 율법 앞에서 심히 죄인이 되어서 구원자인 예수 그리스도를 만나게 됩니다. 그래서 사도 바울은 율법을 가리켜 "**우리를 그리스도에게로 인도하는 몽학선생**"(갈 3:24)이라고 비유했습니다.

어떤 부자(富者) 관원이 예수님께 나와서, "**선한 선생님이여 내가 무엇을 하여야 영생을 얻으리이까**"(눅 18:18) 하고 물었습니다. 예수님께서는 "**네가 계명을 아나니 간음하지 말라, 살인하지 말라, 도적질하지 말라, 거짓증거하지 말라, 네 부모를 공경하라 하였느니라**" 하고 말씀해 주셨습니다. 그러자 그 관원은 "**이것은 내가 어려서부터 다 지키었나이다**" 하고 자신 있게 대답했습니다. 새빨간 거짓말입니다. 오늘 주님께서 가르쳐 주신 수준으로 율법을 깨닫는다면 우리는 날마다 율법을 어기고 깨뜨리는 자들입니다. 율법의 계명들은 행위에만 적용되는 규범이 아니라 우리의 마음 깊은 곳에까지 적용되는 것이며, 하나님의 절대적인 거룩함의 수준을 규정한 것입니다. 따라서 그 관원이 자기의 행위로 율법의 계명들을 조금 지킨 것을 가지고 "**이것은 내가 어려서부터 다 지키었나이다**" 라고 대답한 것은 새빨간 거짓말입니다.

예수님은 그 관원을 보시고 너무나 기가 막히셔서, "**네가 오히려 한 가지 부족한 것이 있으니 네게 있는 것을 다 팔아 가난한 자들을 나눠 주라 그리하면 하늘에서 보화가 네게 있으리라 그리고 와서 나를 좇으라**"(눅 18:22)고 권면하셨습니다. 그 부자 관원은 근심하며 예수님을 떠나갔습니다. 이로써 그 관원의 대답이 새빨간 거짓말로 드러났습니다. 자신이 어려서부터 율법을 다 지켰다면, 율법의 대강령인 "**네 이웃을 네 몸같이 사랑하라**"라는 말씀 앞에 마땅히 자기의 재산을 다 처분해서 가난한 이들에게 나눠 주어야 했습니다.

그 부자 관원이 떠나간 다음에 주님은 "**재물이 있는 자는 하나님의 나라에 들어가기가 어떻게 어려운지 약대가 바늘귀로 들어가는 것이 부자가 하나님의 나라에 들어가는 것보다 쉬우니라**"(눅 18:24-25)고 제자들에게 말씀하셨습니다. 재물이 많은 자는 천국에 들어갈 수 없다는 말씀입니다. 심령이 부유한 자, 즉 자기의 의(義)의 부자가 천국에 들어가기는 낙타가 바늘귀로 들어가는 것보다 더 어렵습니다. 제자들이 놀라서 "**그런즉 누가 구원을 얻을 수 있나이까**" 하고 묻자, 예수님은 "**무릇 사람의 할 수 없는 것을 하나님은 하실 수 있느니라**"(눅 18:27)고 대답해 주셨습니다.

우리는 연약해서 율법을 도저히 지킬 수 없었습니다. 우리 스스로 거룩함을 이루어서 천국에 들어갈 수는 결코 없었습니다. "**율법이 육신으로 말미암아 연약하여 할 수 없는 그것을 하나님은 하시나니 곧 죄를 인하여 자기 아들을 죄 있는 육신의 모양으로 보내어 육신에 죄를 정하사 육신을 좇지 않고 그 영을 좇아 행하는 우리에게 율법의 요구를 이루어지게 하려 하심이니라**"(롬 8:3-4). 이 말씀은 하나님께서 구제불능의 우리들을 모든 죄에서 온전히 구원하셨다는 뜻입니다. 세례 요한이 안수의 형식으로 베푼 세례로 인류의 모든 죄가 예수님 육신 위로 넘어가서 정(定)해졌습니다. 그리고 주님은 그 모든 죄를 짊어지고 십자가로 가셨습니다. 주님은 십자가에 못 박히셔서 "**다 이루었다**"(요 19:30)라고 선포하고 돌아가시기까지 피를 흘리셔서 우리의 모든 죗값을 갚아 주셨습니다. 그러므로 우리가 이제는 결코 정죄(定罪)함이 없는 은혜를 누리게 되었습니다.

자기 의의 부자는 결코 천국에 들어가지 못합니다. 저도 율법을 제대로 알지 못할 때에는 제가 율법을 제법 잘 지키는 자라고 생각했었습니다. 그런데 그때에도 오늘의 본문 말씀 앞에만 서면 제가 간음하는 자요 살인하는 자요 도둑질하는 자로 드러났습니다. 사도 바울도 율법을 제대로 알지 못했을 때는 자기가 살았더니 율법을 제대로 깨닫고 보니 자신이 죄인 중에 괴수인 것을 알게 되었다고 고백했습니다. 아직 죄 사함을 받지 못한 이들은 바울처럼 자기 자신이 **"죄인 중에 내가 괴수"**(딤전 1:15)라고 시인해야 합니다. 그래야 예수 그리스도께서 완성하신 하나님의 의를 옷 입고 천국의 영생에 들어갑니다. 또한 거듭난 성도들도 자기의 연약이나 부족함을 잊지 말아야 합니다. 주님께서 우리에게 베푸신 은총을 제하고 나면 우리는 언제든지 죄인 중의 괴수(魁首)입니다.

주님의 말씀 앞에 자기를 비춰 보고 자기의 근본 모습을 정직하게 시인하는 자는 복이 있습니다. 할렐루야!

말씀을 마쳤습니다.

하나님의 말씀을 믿음으로 온전하라

"또 옛 사람에게 말한바 헛 맹세를 하지 말고 네 맹세한 것을 주께 지키라 하였다는 것을 너희가 들었으나

나는 너희에게 이르노니 도무지 맹세하지 말찌니 하늘로도 말라 이는 하나님의 보좌임이요

땅으로도 말라 이는 하나님의 발등상임이요 예루살렘으로도 말라 이는 큰 임금의 성임이요

네 머리로도 말라 이는 네가 한 터럭도 희고 검게 할 수 없음이라

오직 너희 말은 옳다 옳다, 아니라 아니라 하라 이에서 지나는 것은 악으로 좇아 나느니라

또 눈은 눈으로, 이는 이로 갚으라 하였다는 것을 너희가 들었으나

나는 너희에게 이르노니 악한 자를 대적지 말라 누구든지 네 오른편 뺨을 치거든 왼편도 돌려 대며

또 너를 송사하여 속옷을 가지고자 하는 자에게 겉옷까지도 가지게 하며

또 누구든지 너로 억지로 오리를 가게 하거든 그 사람과 십리를 동행하고

네게 구하는 자에게 주며 네게 꾸고자 하는 자에게 거절하지 말라

또 네 이웃을 사랑하고 네 원수를 미워하라 하였다는 것을 너희가 들었으나

나는 너희에게 이르노니 너희 원수를 사랑하며 너희를 핍박하

는 자를 위하여 기도하라

이같이 한즉 하늘에 계신 너희 아버지의 아들이 되리니 이는 하나님이 그 해를 악인과 선인에게 비취게 하시며 비를 의로운 자와 불의한 자에게 내리우심이니라

너희가 너희를 사랑하는 자를 사랑하면 무슨 상이 있으리요 세리도 이같이 아니하느냐

또 너희가 너희 형제에게만 문안하면 남보다 더 하는 것이 무엇이냐 이방인들도 이같이 아니하느냐

그러므로 하늘에 계신 너희 아버지의 온전하심과 같이 너희도 온전하라"(마 5:33-48).

주님은 율법의 계명들이 요구하는 거룩함의 수준이 얼마나 절대적(絶對的)인지에 대해서 가르쳐 주셨습니다. 여러분은 오늘의 본문 말씀을 읽고서 숨이 막히지 않습니까? 여러분은 오늘의 말씀을 준행할 수 있습니까? 여러분은 누가 왼뺨을 치거든 오른뺨도 돌려댈 수 있습니까? 솔직히 말씀드리자면 저는 못합니다. 그리고 여러분도 그럴 것입니다.

우리는 율법의 계명들 앞에 정직하게 서 보아야 합니다. 그리고 자신이 얼마나 악하고 부족한지를 솔직하게 인정해야 합니다. 사도 바울은 "전에 법을 깨닫지 못할 때에는 내가 살았더니 계명이 이르매 죄는 살아나고 나는 죽었도다"(롬 7:9)라고 고백했습니다. 율법이 요구하는 거룩함의 수준이 얼마나 절대적인지를 모를 때에는 저도 제가 제법 의로운 사람인 줄 알고 의기양양했었습니다. 그런데 주님의 말씀을 통해서 율법의 계명들이 요구하는 거룩함의 수준이 얼마나 절대적인지에 대해서 깨닫고 나니, 저는 지옥에 갈 수

밖에 없는 죄인으로 드러났습니다. 그래서 사도 바울처럼 "오호라 나는 곤고한 사람이로다 이 사망의 몸에서 누가 나를 건져 내랴"(롬 7:24)라는 탄식이 제 입에서 흘러나왔습니다. "곤고한 사람"이라는 구절이 영어성경에는 "비참한 사람"(wretched man, KJV)이라고 번역되어 있습니다. 우리는 지옥에 갈 수밖에 없는 비참한 존재들입니다. 우리는 바울과 같이 실체적(實體的) 자기인식에 도달해야만 하나님의 구원을 갈망하고 구원의 복음을 결사적으로 붙들게 됩니다.

자기의 무능을 깨닫고 헛맹세를 하지 말라

"또 옛 사람에게 말한바 헛 맹세를 하지 말고 네 맹세한 것을 주께 지키라 하였다는 것을 너희가 들었으나 나는 너희에게 이르노니 도무지 맹세하지 말찌니 하늘로도 말라 이는 하나님의 보좌임이요 땅으로도 말라 이는 하나님의 발등상임이요 예루살렘으로도 말라 이는 큰 임금의 성임이요 네 머리로도 말라 이는 네가 한 터럭도 희고 검게 할 수 없음이라 오직 너희 말은 옳다 옳다, 아니라 아니라 하라 이에서 지나는 것은 악으로 좇아 나느니라"(마 5:33-37).

우리가 하나님께 "제가 이렇게 하겠습니다" 하고 맹세한 후에 실제로 행하지 않았다면 그것은 하나님을 속이고 만홀(漫忽)히 여긴 죄입니다. 여호수아가 이스라엘 백성들을 이끌고 가나안 땅에 들어가서 아이 성(城)을 멸한 후에, 하나님께서 모세를 통해서 명하신 대로(신 11:29) 백성들을 두 무리로 나눴습니다. 그리고 여호수아는 한 무리를 그리심산(mount Gerizim)에, 다른 한 무리는 에

발산(mount Ebal)에 세웠습니다. 그가 백성들에게 율법 책을 읽어 주자, 백성들은 "예, 우리가 모두 지키겠습니다" 하며 산이 떠나가라고 크게 대답했습니다. 그런데 그들이 율법을 지켰습니까? 못 지켰습니다. 그들은 헛맹세를 했습니다.

우리도 그렇지 않습니까? 우리도 늘 헛맹세를 하는 자들입니다. 우리가 하나님 앞에서 거룩하고 의로운 삶을 살겠노라고 맹세한들 그 맹세가 얼마나 가겠습니까? 작심삼일(作心三日)이라는 말이 있는데, 저는 작심삼분(作心三分)입니다. 율법 앞에서 마음이 정직한 자는 "나는 율법을 지킬 수 없는 자입니다"라고 솔직하게 시인합니다. 우리는 연약하고 무능한 존재들입니다. 우리는 내일 일을 기약할 수조차 없는 아침 안개와 같은 자들입니다. 주님께서 어떤 어리석은 부자에 대해서 말씀하신 대로, 그가 많은 소출을 거둬서 수많은 창고들에 가득 채우고는 "내 영혼아! 이제 평안히 쉬면서 먹고 마시자" 하고 자만했지만, 하나님께서 그의 영혼을 그날 밤에 거둬가시면 그 많은 재산이 무슨 소용이 있겠습니까? 저는 "오늘이 나의 마지막 날일 수도 있다"라는 생각을 자주 합니다. 얼마 전에도 중국에서 사업을 하던 제 지인이 죽었습니다. 그분은 젊은 사람이었지만 홀로 중국에 들어가서 사업을 하다가 돌연사(突然死)를 했습니다. 홀로 남겨진 젊은 부인이 급히 중국에 들어가서 시신을 수습하고 돌아왔습니다. 어린아이와 함께 남겨진 그 부인은 얼마나 억장이 무너지고 막막하겠습니까? 우리 인생은 그렇게 허망하고 연약합니다.

"오직 너희 말은 옳다 옳다, 아니라 아니라 하라 이에서 지나는 것은 악으로 좇아 나느니라"(마 5:37). 우리는 아무것도 맹세할 수 없는 무능하고 연약한 자들입니다. 그래서 우리가 할 수 있는 것만

"예" 하고 대답하고, 할 수 없는 일은 정직하게 "아니요"라고 대답해야 합니다. "네가 율법을 지킬 수 있냐?"라고 물으시면, 우리는 "아니요"라고 대답해야 합니다. "네 스스로 노력해서 구원을 받을 수 있냐?"라고 물으시면 우리는 "아닙니다"라고 분명히 대답해야 합니다. "하나님이 지옥 갈 수밖에 없는 너희들을 모든 죄에서 온전히 구원해 주셨느냐?"라고 물으시면 우리는 담대하게 "예" 하고 대답해야 합니다. 하나님의 말씀 앞에서 우리가 믿음으로 "예" 할 것은 "예" 하고 "아니오"라고 할 것은 "아니오"라고 정직하게 대답해야 합니다. 거기서 지나는 대답은 다 사단 마귀가 불어넣어 준 악에서 비롯되는 거짓말이며 죄입니다. 하나님 말씀만이 진리이고 우리 마음은 항상 악합니다. 거듭나지 못한 마음, 즉 땅에서는 안개만 피어오릅니다(창 2:6). 자기의 생각이 옳은 줄 아는 사람은 하나님의 말씀을 배척합니다. 자기의 생각이 악하다는 사실을 인정하는 사람만이 하나님의 말씀 앞에서 자기의 생각을 부인하고 하나님의 말씀을 "예" 하고 받아들입니다.

만물보다 거짓되고 심히 부패한 우리의 마음

그런데 대부분의 사람들은 자기가 비교적 선하고 옳은 줄로 착각합니다. "나 정도면 모든 사람들 중에서 상위 10% 안에는 든다"라고 사람들은 생각합니다. 다들 자기가 남들보다 낫고 괜찮은 사람인 줄 압니다. 그런 사람은 예수님을 믿게 되면 자기의 의를 쌓으며 외식(外飾)하는 바리새인이 됩니다. 그런데 자신이 얼마나 이기적이며 악하고 비참한 존재인지를 인정하고 탄식하는 자들이 있습니다. 그런 자들이 구원자로 오신 예수 그리스도를 만나서 "**죄**

사함으로 말미암는 구원"(눅 1:77)을 받고 하나님의 자녀로 거듭납니다. 여러분은 자기가 괜찮은 사람이라는 착각에서 벗어나야 합니다. 하나님의 말씀 앞에 정직하게 서서, 자기의 모습을 직시해야 합니다.

"만물보다 거짓되고 심히 부패한 것은 마음이라 누가 능히 이를 알리요마는"(렘 17:9)이라고 말씀하셨습니다. 저와 여러분의 마음은 똥이나 쓰레기보다도 더 부패하고 더럽습니다. 우리의 마음은 이기적이고 거짓되고 간사합니다. 이 말씀 앞에 "예, 맞습니다"라고 대답해야 하는데, "아니요, 나는 괜찮은 사람입니다"라고 대답하는 사람들이 많습니다. 그런 사람들은 하나님의 말씀을 부인하는 자입니다. 그들은 외식(外飾)하는 종교인으로 살아갈 수밖에 없습니다. 그런 사람들은 자기의 교만과 착각을 빨리 깨뜨려 버리고 "예" 할 것은 "예" 하고 "아니오" 할 것은 "아니오"라고 정직하게 대답해야 합니다. "네가 정말 의롭게 살 수 있느냐?" 하시면 "아니요! 저는 결코 의롭게 살 수 없습니다"라고 대답해야 합니다. 자기의 꼬락서니를 정직하게 인정하는 사람은 이렇게 하나님 앞에서 "예" 할 것은 "예" 하고 "아니오" 할 것은 "아니오"라고 대답합니다. 자기가 얼마나 부패하고 거짓된 마음의 소유자인지를 모르는 자들은 하나님 앞에서 헛맹세를 하며 거룩한 척 꼴값을 떠는 종교인으로 살다가 지옥에 가게 됩니다.

진리의 사랑은 율법의 완성

"또 눈은 눈으로, 이는 이로 갚으라 하였다는 것을 너희가 들었으나 나는 너희에게 이르노니 악한 자를 대적지 말라 누구든지 네 오른편 뺨을 치거든 왼편도 돌려 대며 또 너를 송사하여 속옷을 가지고자 하는 자에게 겉옷까지도 가지게 하며 또 누구든지 너로 억지로 오리를 가게 하거든 그 사람과 십리를 동행하고 네게 구하는 자에게 주며 네게 꾸고자 하는 자에게 거절하지 말라 또 네 이웃을 사랑하고 네 원수를 미워하라 하였다는 것을 너희가 들었으나 나는 너희에게 이르노니 너희 원수를 사랑하며 너희를 핍박하는 자를 위하여 기도하라"(마 5:38-44).

이 말씀은 "그러므로 무엇이든지 남에게 대접을 받고자 하는 대로 너희도 남을 대접하라 이것이 율법이요 선지자니라"(마 7:12)고 말씀하신 바, 이것이 율법의 대강령(大綱領)입니다. 첫째가는 계명은 마음을 다하고 힘을 다하고 목숨을 다해서 여호와 하나님을 사랑하는 것이고, 둘째가는 계명은 "네 이웃을 네 몸같이 사랑하라"라는 말씀입니다. 그런데 여기에서 말씀하는 사랑은 **"진리의 사랑"**(살후 2:10)이며 영적인 사랑입니다. 우리 주님께서는 우리에게 **"진리의 사랑"**을 베풀어 주셨습니다. 주님께서는 우리에게 당신의 생명까지도 내어 주셔서 우리에게 영생을 선물로 주셨습니다. 그러므로 그러한 사랑을 입은 우리들은 다른 영혼들을 향해서 **"진리의 사랑"**을 베푸는 것이 마땅합니다.

우리는 사람들을 조건적이고 계산적으로 대합니다. 상대방이 나에게 베푼 만큼 상대방을 사랑하고 배려합니다. 그러나 하나님께서는 우리에게 무조건적인 사랑을 베푸십니다. 하나님께서는 선한 자에게나 악인에게나 고루 비를 내리십니다. 하나님의 사랑은 우리에게 영생의 축복을 입히시는 영적인 사랑입니다. 하나님의 사랑은 예수 그리스도를 통해서 나타난 아가페(Agape)의 사랑입니다. 그 사랑은 진리의 복음 안에 충만하게 나타난 **"진리의 사랑"**(살후

2:10)입니다. 물과 피의 복음으로 거듭난 의인들은 진리의 사랑을 합니다.

오직 믿음으로 온전하게 됩니다

"그러므로 하늘에 계신 너희 아버지의 온전하심과 같이 너희도 온전하라"(마 5:48).

하나님은 완전합니다. 하나님은 아무 흠결(欠缺)이 없습니다. 그러나 우리 인간은 부족하고 연약합니다. 육신적으로 보면 우리는 흠결(欠缺)투성이입니다. 그런데 주님은 우리에게 **"하늘에 계신 너희 아버지의 온전하심과 같이 너희도 온전하라"**라고 말씀하셨습니다. 과연 우리가 이 말씀에 "예" 하고 순종할 수 있습니까? 육신적으로는 우리가 결코 온전할 수 없습니다. 우리는 여전히 생각과 말과 행동으로 죄를 짓습니다. 그런데도 주님은 우리에게 "온전하라"라고 하셨으니, 그렇다면 분명히 우리가 온전할 수 있다는 말씀입니다.

하나님께서는 아브라함에게도 **"나는 전능한 하나님이라 너는 내 앞에서 행하여 완전하라"**(창 17:1)고 말씀하셨습니다. 또 시편의 기자도 **"행위 완전하여 여호와의 법에 행하는 자가 복이 있음이여"**(시 119:1) 하고 노래하였습니다. 우리가 온전해지는 길은 오직 주님께서 우리에게 베풀어 주신 복음의 의(義)를 믿음으로만 가능합니다. 하나님께서 우리를 아무 흠결(欠缺)이 없이 완전한 의인으로 거듭나게 하신 능력은 진리의 원형복음(原形福音) 안에만 있습니다. 비록 우리는 연약하고 부족해서 죄와 흠결이 있을 수밖에 없고 죽을 때까지 율법을 어길 수밖에 없는 존재이지만 주님께서

"**물과 피의 복음**"으로 이루신 하나님의 의를 믿음으로 우리는 완전한 자가 될 수 있습니다. 또한 거듭난 하나님의 자녀로서 의의 복음을 위해서 자기의 여생을 드릴 때에 우리는 "**행위 완전하여 여호와의 법에 행하는 자**"가 됩니다.

"율법이 육신으로 말미암아 연약하여 할 수 없는 그것을 하나님은 하시나니 곧 죄를 인하여 자기 아들을 죄 있는 육신의 모양으로 보내어 육신에 죄를 정하사 육신을 좇지 않고 그 영을 좇아 행하는 우리에게 율법의 요구를 이루어지게 하려 하심이니라"(롬 8:3-4). 주님은 율법의 계명들을 통해서 무엇이 선하고 의로운 것인지를 다 가르쳐 주셨습니다. 그런데 우리는 그 계명들을 도저히 지킬 수 없는 자들입니다. 우리가 율법의 계명들을 다 지켜서 의를 이룰 수 있다면 좋겠는데, 우리의 육신은 연약해서 우리 스스로는 도저히 온전한 의를 이룰 수 없었습니다. 그런데 하나님께서는 그런 비참한 존재들을 사랑하셔서 하나님 편에서 우리를 의롭게 만들어 주셨습니다. 흠 없는 제물로 오신 예수님께서 인류의 대표자인 세례 요한에게 안수의 형식으로 세례를 받으심으로 우리의 모든 죄와 흠결(欠缺)을 다 넘겨받았습니다. "**이제 허락하라 우리가 이와 같이 하여 모든 의를 이루는 것이 합당하니라**"(마 3:15)는 명령을 따라 세례 요한은 예수님의 머리에 안수하며 세례를 베풀었습니다. 그 세례로 우리가 완전한 거룩함을 얻었습니다. 우리의 연약으로 말미암아 지은 모든 죄를 단번에 예수님의 육체에 정(定)하셔서 우리를 의롭고 완전하게 만들어 주셨습니다.

하나님께서는 아브라함의 구십 세에 그에게 나타나셔서 "**나는 전능한 하나님이라 너는 내 앞에서 행하여 완전하라**"(창 17:1)고 말씀하셨습니다. 사람이 행위로 완전할 수 있습니까? 율법의 행위로는 하나님 앞에서 결코 아무도 완전할 수 없습니다. 아브라함도 자기의 목숨을 구하겠다고 자기의 아내 사라를 그랄 왕 아비멜렉에게 팔아먹지(창 20:2) 않았습니까? 하나님께서 우리에게 **"완전하라"**라고 말씀하실 때에는, 우리에게 완전하게 될 수 있는 길을 열어 주시고 그렇게 말씀하신 것입니다. 그리고 그 길은 **"다 이루었다"(요 19:30)**라고 외치시며 완성하신 주님의 구원사역을 믿음으로만 가능합니다. 우리는 도저히 스스로는 완전하게 될 수 없습니다. 오직 자기가 구제불능의 존재라는 사실을 인정하고 주님께서 완성해 주신 진리의 원형복음을 믿을 때에만 우리는 완전해질 수 있고 또 **"행위 완전하여 여호와의 법에 행하는 자"**가 될 수 있습니다.

의인에게 임하신 성령으로 말미암아

"네 이웃을 네 몸같이 사랑하라"라는 말씀은 율법의 대강령(大綱領)입니다. 그런데 우리가 정녕 다른 이들을 "내 몸같이" 사랑할 수 있습니까? 우리는 그렇게 할 수 없는 자들입니다. 우리가 자신의 몸을 얼마나 사립니까? 또 우리가 얼마나 자존심이 강합니까? 그런데 어떻게 우리가 이웃을 내 몸같이 사랑하고, 원수까지도 사랑하며 우리를 핍박하는 자를 위해서 기도할 수 있겠습니까? 우리는 못합니다. 그래서 **"물과 피로 임"(요일 5:6)**하신 주님께서 우리가 짓는 모든 죄를 다 없애 주셨습니다. 그리고 진리의 복음을 믿음으로 죄 사함을 받은 우리의 마음에 하나님께서는 성령을 선물로 주셨습니다. 거듭난 의인들의 마음에 성령이 계셔서 성령의 도

우심과 인도하심으로 의인들은 자기의 생각이나 욕망을 부인하고 하나님의 뜻을 좇게 됩니다. 이와 같이 도저히 온전할 수 없는 자들을 온전케 하시는 것이 하나님의 뜻입니다. 진리의 복음을 믿음으로 온전케 된 은혜를 입은 자들은 자기의 마음에 거하시는 성령으로 말미암아 마음과 생각이 새롭게 됩니다. 그러므로 거듭난 자는 **"옛 사람과 그 행위를 벗어버리고 새 사람을 입었으니 이는 자기를 창조하신 자의 형상을 좇아 지식에까지 새롭게 하심을 받는 자"**(골 3:9-10)입니다. 우리가 거듭나기 전에는 진리의 사랑을 베푸는 일이 무엇인지 알지도 못했지만, 거듭난 후에는 우리가 성령의 인도하심을 따라 하나님께서 기뻐하시는 의의 길을 따라가게 됩니다.

오늘 우리는 **"그러므로 하늘에 계신 너희 아버지의 온전하심과 같이 너희도 온전하라"**(마 5:48)고 하신 주님의 말씀을 묵상했습니다. 우리 스스로는 도저히 온전할 수 없습니다. 그런데 하나님께서 당신의 아들 예수 그리스도께서 이 땅에 오셔서 베푸신 물과 피의 사역으로 우리를 온전하게 해 주셨습니다. 그리고 이제 온전하게 된 우리들에게 성령님을 선물로 주셨습니다. 그리고 우리 안에 거하시는 성령님으로 말미암아 우리는 하나님의 의를 전파하는 의롭고 완전한 삶을 살게 되었습니다. 우리를 완전하게 하신 주님을 찬양합니다. 할렐루야!

말씀을 마쳤습니다.

은밀한 중에 보시는 하나님

"사람에게 보이려고 그들 앞에서 너희 의를 행치 않도록 주의하라 그렇지 아니하면 하늘에 계신 너희 아버지께 상을 얻지 못하느니라

그러므로 구제할 때에 외식하는 자가 사람에게 영광을 얻으려고 회당과 거리에서 하는 것 같이 너희 앞에 나팔을 불지 말라 진실로 너희에게 이르노니 저희는 자기 상을 이미 받았느니라

너는 구제할 때에 오른손의 하는 것을 왼손이 모르게 하여

네 구제함이 은밀하게 하라 은밀한 중에 보시는 너의 아버지가 갚으시리라

또 너희가 기도할 때에 외식하는 자와 같이 되지 말라 저희는 사람에게 보이려고 회당과 큰 거리 어귀에 서서 기도하기를 좋아하느니라 내가 진실로 너희에게 이르노니 저희는 자기 상을 이미 받았느니라

너는 기도할 때에 네 골방에 들어가 문을 닫고 은밀한 중에 계신 네 아버지께 기도하라 은밀한 중에 보시는 네 아버지께서 갚으시리라

또 기도할 때에 이방인과 같이 중언부언하지 말라 저희는 말을 많이 하여야 들으실줄 생각하느니라

그러므로 저희를 본받지 말라 구하기 전에 너희에게 있어야 할 것을 하나님 너희 아버지께서 아시느니라

그러므로 너희는 이렇게 기도하라 하늘에 계신 우리 아버지여 이름이 거룩히 여김을 받으시오며

나라이 임하옵시며 뜻이 하늘에서 이룬 것 같이 땅에서도 이루

어지이다

오늘날 우리에게 일용할 양식을 주옵시고

우리가 우리에게 죄 지은 자를 사하여 준 것 같이 우리 죄를 사하여 주옵시고

우리를 시험에 들게 하지 마옵시고 다만 악에서 구하옵소서 (나라와 권세와 영광이 아버지께 영원히 있사옵나이다 아멘)

너희가 사람의 과실을 용서하면 너희 천부께서도 너희 과실을 용서하시려니와

너희가 사람의 과실을 용서하지 아니하면 너희 아버지께서도 너희 과실을 용서하지 아니하시리라

금식할 때에 너희는 외식하는 자들과 같이 슬픈 기색을 내지 말라 저희는 금식하는 것을 사람에게 보이려고 얼굴을 흉하게 하느니라 내가 진실로 너희에게 이르노니 저희는 자기 상을 이미 받았느니라

너는 금식할 때에 머리에 기름을 바르고 얼굴을 씻으라

이는 금식하는 자로 사람에게 보이지 않고 오직 은밀한 중에 계신 네 아버지께 보이게 하려 함이라 은밀한 중에 보시는 네 아버지께서 갚으시리라"(마 6:1-18).

우리는 은밀한 중에 보시는 하나님 앞에서 신앙생활을 합니다. 기도와 구제와 금식이 신앙생활의 대표적인 측면이라면, 이 부분에서 신앙인과 종교인의 태도는 극명하게 상반됩니다. 종교인들은 다른 사람들에게 보이려고 구제나 기도나 금식을 합니다. 종교인들은 마을 어귀나 회당이나 큰 거리에 서서 보란 듯이 기도를 합니다. 또 구제할 때에도 자기가 베푼 구제사역을 다른 사람이 모두 알게

끔 나팔을 붑니다. 종교화된 교회에서는 누가 헌금을 얼마 했는지도 주보에 다 올려 줍니다. 그래서 교인들의 헌금 경쟁을 부추깁니다. 그런데 거듭난 의인들은 다른 이들에게 보이기 위해서 신앙생활을 하지 않습니다. 우리는 은밀한 중에 보시는 하나님 앞에서 신앙생활을 합니다. 참 신앙인은 은밀한 중에 보시는 하나님 앞에서 기도를 드리고 금식과 구제를 합니다.

"여호와여 주께서 나를 감찰하시고 아셨나이다

주께서 나의 앉고 일어섬을 아시며 멀리서도 나의 생각을 통촉하시오며

나의 길과 눕는 것을 감찰하시며 나의 모든 행위를 익히 아시오니

여호와여 내 혀의 말을 알지 못하시는 것이 하나도 없으시니이다"(시 139:1-4).

하나님께서는 우리의 모든 사정을 속속들이 다 아십니다. 하나님께서는 우리가 구하기도 전에 우리에게 필요한 것이 무엇인지를 다 아십니다. 하나님께서는 우리의 머리카락까지도 센 바 되십니다. 우리의 머리카락은 하루에도 평균적으로 200개 정도 빠지고 또 그만큼 새로 난다고 합니다. 그런데 하나님께서는 날마다 변하는 나의 머리카락 개수도 다 아십니다. 하나님은 전지전능하신 신(神)입니다. 하나님께서는 우리 마음속의 깊은 비밀과 숨은 생각까지도 속속들이 아십니다. 그런 하나님 앞에 우리가 신앙생활을 하는 것이기 때문에, 우리는 우리의 사정을 하나님 앞에 진솔하게 아뢰고 있는 모습 그대로 정직하고 진솔하게 행하는 것이 옳습니다.

"코람 데오"(Coram Deo)의 믿음

그래서 참된 신앙인은 "코람 데오"(Coram Deo)의 자세로 신앙생활을 합니다. 그리스어로 "코람"(Coram)이라는 말은 "면전에서" 혹은 "앞에서"라는 뜻이며 "데오"라는 말은 하나님을 의미하는 "데우스"(Deus)에서 온 말입니다. 그러므로 "코람 데오"(Coram Deo)란 **"하나님 앞에서"**(in the presence of God)라는 뜻입니다. 이 말은 오늘의 본문에 반복적으로 언급된 **"사람 앞에서"**(coram hominibus)와 대조적인 표현으로써, 참 신앙인이 견지해야 할 마음의 자세를 한마디로 압축한 말씀입니다. 우리가 우리의 모든 것을 아시는 하나님 앞에서 살아가고 있다고 자각한다면, 우리는 스스로 우리의 삶을 절제하고 근신하며 **"주께 합당히 행하여"**(골 1:10) 하나님께서 기뻐하시는 뜻을 좇아갈 것입니다. 예를 들어서, 우리가 어른들과 함께 앉아 있으면 우리의 행동거지를 스스로 근신하지 않겠습니까? 그런데 망나니 친구들과 함께 있다면 아무 거리낄 것이 없으므로 방종한 행동거지가 쏟아집니다. 아무도 보지 않는 룸살롱의 골방에 들어가면 의젓했던 교장 선생님도 별짓을 다합니다. 그런 존재가 인간입니다.

정직한 마음으로 진솔하게 신앙생활을 하는 자는 복이 있습니다. 저는 외식(外飾)하지 않고 하나님과 마음을 연합해서 진솔하게 영의 일을 하고자 합니다. 우리가 진솔한 마음을 다해서 은밀한 중에 보시는 하나님 앞에서 하나님께서 기뻐하시는 뜻을 좇아 복음을 전파하며 신앙생활을 하면, 우리의 모든 문제는 우리의 아버지인 하나님께서 다 해결해 주십니다. 하나님은 우리를 지극히 사랑해서 독생자까지 내어 주신 전지전능한 분이기 때문입니다.

기도에 대한 가르침

"너는 기도할 때에 네 골방에 들어가 문을 닫고 은밀한 중에 계신 네 아버지께 기도하라 은밀한 중에 보시는 네 아버지께서 갚으시리라 또 기도할 때에 이방인과 같이 중언부언하지 말라 저희는 말을 많이 하여야 들으실 줄 생각하느니라"(마 6:6-7).

주님은 먼저 "하나님 앞에서" 드리는 기도에 대해서 가르쳐 주셨습니다. 기도란 우리의 사정과 소원을 하나님께 직고(直告)하는 것입니다. 무엇보다도 기도란 전지전능한 하나님께 자신의 어려움과 소원들을 믿음으로 다 아뢰는 것입니다. 그리고 거듭난 의인의 믿음의 기도는 역사하는 힘이 많습니다. 예수님께서 잡히시기 직전에 잎이 무성했지만 아무 열매가 없던 무화과나무를 저주하셔서 뿌리까지 말렸던 일이 있습니다. 그 나무는 이스라엘의 영적 상태를 상징하는데, 당시의 이스라엘 민족이 외모로는 신앙생활을 잘하는 것 같았지만 영적으로는 아무 열매가 없었습니다. 그들은 **"죄 사함으로 말미암는 구원"**(눅 1:77)을 받지 못하였고 그저 사람들에게 경건하게 보이려고 거룩한 척만 하고 있었습니다. 그런 이스라엘 민족은 그 무화과처럼 심판을 받을 것을 계시한 사건이었습니다. 그때 주님께서는 **"내가 진실로 너희에게 이르노니 만일 너희가 믿음이 있고 의심치 아니하면 이 무화과나무에게 된 이런 일만 할 뿐 아니라 이 산더러 들려 바다에 던지우라 하여도 될것이요 너희가 기도할 때에 무엇이든지 믿고 구하는 것은 다 받으리라"**(마 21:21-22)고 말씀하셨습니다. 하나님께서는 주님의 기뻐하시는 뜻을 좇아서 믿음으로 기도한 것은 반드시 들으십니다.

"또 기도할 때에 이방인과 같이 중언부언하지 말라 저희는 말

을 많이 하여야 들으실 줄 생각하느니라"(마 6:7). 죄 사함 받지 못한 자들, 즉 기독죄인들은 기도할 때에 중언부언(重言復言)합니다. 심지어는 아예 기도문을 만들어서 외우고 반복적으로 읊조립니다. 불교도들이나 가톨릭 신자들은 염주(念珠)나 묵주(默珠)를 돌리면서, 다람쥐 쳇바퀴 돌리듯 같은 기도를 반복해서 읊조립니다. 저는 어렸을 때에 저희 집안이 다 천주교에 다녔습니다. 저는 미사 때에 신부 곁에서 시종을 드는 복사(服事)도 해 봤습니다. 그 당시에는 미사 경문의 많은 부분이 라틴어로 되어 있었는데, 신부가 선창(先唱)하는 라틴어 경문(經文)의 뜻이 무엇인지도 모르면서 저는 앵무새처럼 라틴어로 화답했던 기억이 납니다. 대학시절에는 겉멋이 들어서 불교 쪽에도 기웃거려 봤습니다. 저는 반야심경도 외웠었습니다. 진리를 알지 못해서 이리저리 방황할 때에 그렇게 허망한 세월을 많이 보냈습니다. 이방인들은 기도문을 만들어서 읊조립니다. 그런데 그런 기도문들은 아무리 읊조려 보아도 얻는 것이 전혀 없습니다.

믿음의 기도는 허공을 치듯이 헛된 것이 아닙니다. 실존하시는 하나님께 자기의 사정을 아뢰고 도우심을 구하는 것이므로 전능하신 하나님의 응답을 받습니다. 시편 기자는 **"주께 힘을 얻고 그 마음에 시온의 대로가 있는 자는 복이 있나이다"**(시 84:5)라고 노래했습니다. 하나님 앞에 조르르 달려 나아가서 자기의 모든 문제들을 다 아뢰며 도움을 구하는 자는 반드시 하나님의 응답을 받습니다. 저는 지금까지 수많은 기도에서 하나님의 응답하심을 체험했습니다. 우리가 기도할 때에 큰 소리를 내지 않아도 상관없습니다. 한나가 간절한 마음으로 기도할 때에 기진하여 입만 달싹거렸지만(삼상 1:13), 하나님은 그녀의 기도를 들으셨고 응답하셨습니다.

또 기도할 때에 미사여구(美辭麗句)를 사용하지 않아도 아무 상관이 없습니다. 더 중요한 것은 우리의 마음에 하나님을 믿는 믿음이 있느냐는 것입니다. 다만 우리는 기도할 때에 마음을 다해서 믿음으로 하나님께 구하면 됩니다. "그러므로 저희를 본받지 말라 구하기 전에 너희에게 있어야 할 것을 하나님 너희 아버지께서 아시느니라"(마 6:8)고 주님은 말씀하셨습니다.

주님께서 가르쳐 주신 기도(Lord's Prayer)

"그러므로 너희는 이렇게 기도하라 하늘에 계신 우리 아버지여 이름이 거룩히 여김을 받으시오며

나라이 임하옵시며 뜻이 하늘에서 이룬 것 같이 땅에서도 이루어지이다

오늘날 우리에게 일용할 양식을 주옵시고

우리가 우리에게 죄 지은 자를 사하여 준것 같이 우리 죄를 사하여 주옵시고

우리를 시험에 들게 하지 마옵시고 다만 악에서 구하옵소서 (나라와 권세와 영광이 아버지께 영원히 있사옵나이다 아멘)"(마 6:9-13).

주님께서는 제자들에게 "그러므로 너희는 이렇게 기도하라"라고 하시며 기도의 모형(模型)을 가르쳐 주셨습니다. 이 부분을 "주의 기도"(Lord's Prayer) 또는 "주기도문(主祈禱文)"이라고 부르는데, 그러면 토씨 하나 틀리지 말고 꼭 이렇게 기도해야 한다는 말씀입니까? 아닙니다. 이것은 우리가 하나님께 기도해야 할 중요한 내용(제목)들을 주님께서 우리에게 가르쳐 주신 기도의 모형(the

Model Prayer)입니다.

기도할 자격

"하늘에 계신 우리 아버지여"(마 6:9).

하나님께 기도를 드리려면 먼저 하나님께서 자기의 아버지가 되셔야 합니다. 그리고 우리가 거룩하신 하나님의 자녀가 되려면 진리의 복음을 믿어서 죄 사함을 받고 거듭나야만 합니다. 거듭나지 못한 죄인들은 아직 사단 마귀에게 속해 있기 때문에 하나님을 아버지라고 부를 자격이 없습니다. 하나님 아버지께서 당신의 아들을 세상에 보내셔서 우리의 모든 죄와 허물을 세례로 담당하게 하시고 십자가의 피로 깨끗이 없애 주셨습니다. 주님께서 **"물과 피의 복음"**으로 우리를 의인으로 거듭나게 하셨습니다. 그 진리의 복음을 믿음으로 거룩하게 된 우리들을 하나님께서는 당신의 자녀로 삼아주셨습니다. 거듭난 의인들만이 하나님께 기도드릴 수 있는 자격이 있습니다.

기도는 하나님의 자녀들이 하나님 아버지에게 무엇을 요청하는 것인데, 내 자녀가 아닌 남의 집 자녀가 나에게 와서 무엇을 청할 수 있습니까? 제가 예전에 방글라데시에서 선교활동을 할 때에 시골로 들어가면 수많은 어린이들이 제 다리를 붙잡고 먹을 것을 달라고 애걸했습니다. 그런데 어떤 아이가 제 옷자락을 붙잡고 매달리며, 저에게 "아버지!" 하고 외치면 제가 기겁을 하지 않겠습니까? 우리가 진리의 복음을 듣고 믿음으로 죄 사함을 받아서 하나님의 자녀가 되었기 때문에 우리는 담대하게 하나님을 우리의 아버지라고 부르며 하나님께 기도드릴 자격을 얻은 것입니다. 복음의 터 위에서 우리들이 얻은 영광의 지위를 확인하는 기도 제목이 바로 **"하늘에 계신 우리 아버지여 이름이 거룩히 여김을 받으시오며"**라는 부분입니다. 하나님의 이름이 우리에게 거룩히 여김을 받으려면 우리가 죄 사함을 받아야 합니다. 우리가 죄 사함을 받으면 그 자체가 하나님을 영화롭게 하는 것입니다. 이와 같이 기도의 첫 번째 제목은 우리가 복음으로 죄 사함을 받았다는 것을 하나님 앞에 감사하고 하나님께 영광을 돌리는 것입니다.

구원의 역사를 위해서 기도하라

"나라이 임하옵시며 뜻이 하늘에서 이룬 것 같이 땅에서도 이루어지이다"(마 6:10).

주님은 하나님의 나라가 이 땅에 임하기를 위해서 기도하라고 말씀하십니다. 진리의 원형복음을 전해서 영혼들이 죄 사함을 받으면 하나님 나라가 이 땅에 임합니다. 하늘에서는, 즉 하나님 편에서는 하나님의 뜻이 이미 다 이루어졌습니다. 하나님의 아들 예수 그리스도께서 **"다 이루었다"**(요 19:30)라고 외치시고 돌아가시기까지 인류 전체의 구원을 완성하셨습니다. 그런데 땅에서는, 즉 각 사람의 마음에는 아직 하나님의 구원이 다 이루어지지 않았습니다. 소수의 의인들의 마음에는 하나님 나라가 임했지만 대부분의 사람들에게는 하나님 나라가 임하지 않았습니다. 그래서 하나님 나라가 모든 사람들의 마음에 이루어질 것을 위해서 기도하라고 주님께서 말씀하신 것입니다.

영육간의 양식을 구하라

"오늘날 우리에게 일용할 양식을 주옵시고"(마 6:11).

우리는 우리에게 필요한 것들을 구체적으로 구해야 합니다. 우리는 영육간에 양식이 필요합니다. 우리의 육신을 위한 양식도 구해야 하지만 영적인 양식도 구해야 합니다. "사람이 **떡으로만 살 것이 아니요 하나님의 입으로 나오는 모든 말씀으로 살 것이라**"(마 4:4)고 주님께서 말씀하셨습니다. 밥을 먹어야 육신이 살 수 있듯이, 우리의 영혼은 하나님의 말씀을 듣고 영적인 은혜를 입어야 삽니다. 우리가 물질적인 것들을 구할 때에는 마음을 다해서 간절히 구하는데, 영적인 은혜를 구할 때에는 좀 시들할 수 있습니다. 그런데 사실 영적인 것이 더 귀합니다. "하나님 아버지, 주의 복음이 힘차게 전파되도록 이런저런 일들을 베풀어 주십시오. 제가 믿음의 사람이 되게 해 주십시오. 하나님의 말씀을 믿고 순종하게 해 주십시오. 제가 하나님의 일을 충성스럽게 할 수 있도록 성령의 충만함을 입혀 주십시오" 하고 기도하는 것이 영적인 양식을 구하는 기도입니다.

복음의 은혜로 관용할 것을 기도하라

"우리가 우리에게 죄 지은 자를 사하여 준 것 같이 우리 죄를 사하여 주옵시고"(마 6:12).

이 말씀은 "우리의 죄가 아직 남아 있으니 우리의 죄를 용서하여 주옵소서" 하고 기도하는 소위 "회개 기도"를 권장하는 말씀으로 잘못 해석될 수 있습니다. 그래서 기독죄인들(Christian sinners)

은 "여기 주의 기도에서도 우리 죄를 사하여 달라는 기도를 하라고 하셨는데 회개 기도하는 게 뭐가 잘못이냐?"라고 항변합니다. 예수님을 믿고도 마음에 죄가 있는 것은 큰 잘못입니다. 하나님께서 우리 죄를 다 없애 주셨는데도 마음에 죄를 끌어안고 있는 것은 하나님께서 행하신 일을 정면으로 부인(否認)하고 짓밟는 죄입니다. 예수 그리스도께서는 인류의 모든 죄와 허물을 없애 주시려고 이 땅에 오셨습니다. 성자(聖子) 하나님께서 친히 처녀 마리아의 몸에 잉태되셔서 흠 없는 제물로 이 땅에 오셨습니다. 그리고 하나님의 어린양으로 오신 예수님께서는 요단강에서 인류의 대표자인 세례 요한에게 세례를 받으심으로 우리의 모든 죄를 단번에 담당하시고 십자가로 지고 가셔서 못 박히셨습니다. 예수님은 마지막 피 한 방울까지 다 흘리시고 "다 이루었다"(요 19:30)라고 외치시며 돌아가셨습니다. "물과 피로 임하신"(요일 5:6) 주님께서 인류의 모든 죄와 허물을 깨끗하게 갚아 주셨기 때문에 이제 이 세상에는 죄가 없습니다. "그러므로 이제 그리스도 예수 안에 있는 자에게는 결코 정죄함이 없나니"(롬 8:1)라고 선포하신 대로 주님의 복음을 믿는 우리에게는 결코 죄가 없습니다. 우리는 부족할지라도, 그래서 오늘도 죄를 짓고 내일도 죄를 짓고 죽을 때까지 앞으로도 죄를 지을지라도, 그 모든 죄를 예수님께서 이미 다 가져가셔서 값을 지불하셨습니다. 그래서 우리에게는 죄가 전혀 없다는 것이 분명한 진리입니다.

그러면 이 말씀은 무슨 뜻입니까? 주님께서 분명히 죄를 다 없애 놓으셨는데 왜 다시 **"우리가 우리에게 죄 지은 자를 사하여 준 것같이 우리 죄를 사하여 주옵시고"**라고 기도하라시느냐? 마태복음 6장 14-15절 말씀에도 주석처럼 나와 있지만 이 말씀은 앞뒤가 바뀐 표현입니다. "우리 주님께서 우리의 모든 죄를 사하여 주셨으니 우리도 우리 형제들의 죄를 사하여 줄 수 있도록 은혜를 주십시오"라고 우리는 기도해야 합니다. 우리 주님께서 우리의 죄와 허물을 문제 삼지 않으시고 당신의 생명으로 대속의 제사를 드려 주시고 우리에게 죄 사함의 큰 은혜를 베풀어 주셨습니다. 그 큰 은혜를 입은 우리는 우리 형제들이나 우리에게 해를 입힌 자들에 대해 관용할 수 있습니다. 주님의 은혜를 충만하게 받은 사람은 아주 관대합니다. 다른 사람의 부족이나 연약을 품어 주고, 자기에게 어떤 해를 입힌 사람에게도 "나도 그런 자인데, 사람이 얼마든지 그럴 수 있지!" 하고 관대하게 대합니다.

이런 부분에 대해서, 예수님께서 한 가지 비유를 들어서 가르쳐 주셨습니다. 어떤 임금에게 일만 달란트 빚진 자가 있는데 그가 채주(債主)인 왕에게 애걸하길래 왕이 그의 빚을 다 탕감해 주었습니다. 그런데 그토록 큰 빚을 탕감 받은 자가 나가서 자기에게 백 데나리온 빚진 자를 만나자, 그는 분을 내며 그 채무자를 끌고 가서 감옥에 처넣었습니다. 이 소식을 들은 왕은 그를 잡아들여서, **"악한 종아 네가 빌기에 내가 네 빚을 전부 탕감하여 주었거늘 내가 너를 불쌍히 여김과 같이 너도 네 동관을 불쌍히 여김이 마땅치 아니하냐"**(마 18:32-33) 하며 그를 감옥에 처넣었습니다.

일만 달란트(talents)라는 돈은 어마어마하게 큰 돈입니다. 한 달란트가 6,000 데나리온(denarion)인데, 한 데나리온은 한 사람의 하루치 품삯입니다. 조금 과장해서 요즘 하루치 품삯을 십만 원 정도로 잡으면, 한 달란트는 6억 원입니다. 그러니 일만 달란트는 약 6조 원의 돈입니다. 예수님 당시의 경제 규모를 고려하면 일만 달란트는 천문학적인 규모의 돈입니다. 우리들이 하나님께로부터 죄 사함을 받아서 탕감 받은 죄의 분량은 어마어마합니다. 하나님께서는 친히 당신의 아들을 희생시켜서 도저히 구제불능의 존재들을 구원해 주셨는데, 그렇게 큰 은혜를 입은 자들이 자기에게 조금 잘못한 사람을 용서하지 않는다는 것은 있을 수 없는 일입니다. 자신이 어떤 자였는데 값없이 구원을 받았는지를 잊지 않는 사람은 다른 이들에 대해서 관대합니다. 또한 거듭난 이들은 그렇게 해야 마땅합니다. 그렇게 해야만 다른 사람들도 하나님의 사랑을 깨달을 수 있습니다. 그래서 온전히 죄 사함을 받은 사람은 다른 사람을 판단하거나 정죄하기보다는 관용하고 기다려 줍니다. 그러므로 이 말씀은 "주님께서 아무 조건 없이 우리의 모든 죄를 깨끗하게 대속해 주셨으니 우리들도 다른 이들에게 관대하게 대할 수 있도록 은혜를 주십시오"라고 기도하라는 뜻입니다.

시험에 들지 않도록 기도하라

"우리를 시험에 들게 하지 마옵시고 다만 악에서 구하옵소서 (나라와 권세와 영광이 아버지께 영원히 있사옵나이다 아멘)"(마 6:13).

우리는 시험에 들 때가 많습니다. 여기에서 **"시험"**은 유혹(temptation)을 의미합니다. 유혹은 우리가 영의 바른 길에서 벗어나서 육신의 욕망을 따라가게 합니다. 우리가 육신을 따라간 적이 얼마나 많습니까? 사단 마귀가 조금만 유혹하면 우리는 바로 따라 나섭니다. 그래서 우리는 우리의 마음을 영적으로 잘 지키게 해달라고 기도해야 합니다. 성경은 **"무릇 지킬만한 것보다 더욱 네 마음을 지키라 생명의 근원이 이에서 남이니라"**(잠 4:23)고 말씀하십니다.

"너희가 사람의 과실을 용서하면 너희 천부께서도 너희 과실을 용서하시려니와 너희가 사람의 과실을 용서하지 아니하면 너희 아버지께서도 너희 과실을 용서하지 아니하시리라"(마 6:14-15). 이 말씀은 위의 12절에 대한 보충 설명입니다. 죄 사함을 받은 사람이라도 자기가 입은 은혜를 망각하고 다른 사람을 용납하지 않으면 하나님께서 우리를 책망하고 징계하십니다. 죄 사함을 받은 의인이 자기의 근본 모습을 잃어버리고 사람들에게 강퍅하게 대하는 것은 악한 일입니다. 우리는 그런 악에서 돌이켜야 합니다. 우리가 영적으로 잘못되면 하나님께서는 그런 악에서 돌이키라고 징계하십니다. 그러나 악에서 돌이켜서 다시 선을 좇으면 하나님께서 우리의 심령을 아름답게 회복시켜 주십니다.

"여러 계시를 받은 것이 지극히 크므로 너무 자고하지 않게 하시려고 내 육체에 가시 곧 사단의 사자를 주셨으니 이는 나를 쳐서 너무 자고하지 않게 하려 하심이니라 이것이 내게서 떠나기 위하여 내가 세번 주께 간구하였더니 내게 이르시기를 내 은혜가 네게 족하도다 이는 내 능력이 약한데서 온전하여짐이라 하신지라 이러므로 도리어 크게 기뻐함으로 나의 여러 약한 것들에 대하여 자랑하리니 이는 그리스도의 능력으로 내게 머물게 하려함이라 그러므로 내가 그리스도를 위하여 약한 것들과 능욕과 궁핍과 핍박과 곤란을 기뻐하노니 이는 내가 약할 그 때에 곧 강함이니라"(고후 12:7-10). 우리의 기도에 즉시로 응답하시지 않는다고 하나님께서 우리의 기도를 외면하신 것은 아닙니다. 저는 건강이 몹시 안 좋을 때가 있었는데, 그때에 사도 바울을 생각하며 마음을 새롭게 했습니다. 사도 바울은 자기 몸에 찌르는 가시(고통스러운 지병)가 있어서 하나님께 나아가서 여러 번 기도했는데 하나님께서 고쳐 주시지 않았습니다. 그러나 그 일로 인해서 사도 바울은 더 큰 영적 깨달음을 얻었고 오직 자기와 같은 자를 구원하신 예수 그리스도만 자랑하게 되었습니다. 저를 돌아보면, 제가 육신의 연약함으로 병중에 있을 때에 저의 마음은 오히려 하나님의 은혜로 충만했습니다.

항상 깨어서 하나님께 기도드리며 마음에 시온의 대로(大路)를 둔 자는 복이 있습니다. 그런 자에게는 모든 것이 합력해서 선을 이룹니다. 어떤 어려움이 오면 그것 때문에 하나님을 더 의지하게 되고 마음을 오로지해서 하나님께 간구하게 됩니다. 우리는 하나님의 은혜로 값없이 죄에서 사함을 받은 자들이기 때문에 형제들의 죄를 용서해 주는 것이 마땅합니다. 우리가 잘못한 부분이 있으면 악에서 돌이켜서 의를 좇아야 합니다. 그러면 하나님께서 우리에게 허락하셨던 어려움들도 하나하나 해결해 주십니다.

참된 신앙인은 은밀한 중에 보시는 하나님 앞에서 신앙생활을 합니다.

말씀을 마쳤습니다.

먼저 그의 나라와 그의 의를 구하라

"너희를 위하여 보물을 땅에 쌓아 두지 말라 거기는 좀과 동록이 해하며 도적이 구멍을 뚫고 도적질하느니라

오직 너희를 위하여 보물을 하늘에 쌓아 두라 거기는 좀이나 동록이 해하지 못하며 도적이 구멍을 뚫지도 못하고 도적질도 못하느니라

네 보물 있는 그 곳에는 네 마음도 있느니라

눈은 몸의 등불이니 그러므로 네 눈이 성하면 온 몸이 밝을 것이요

눈이 나쁘면 온 몸이 어두울 것이니 그러므로 네게 있는 빛이 어두우면 그 어두움이 얼마나 하겠느뇨

한 사람이 두 주인을 섬기지 못할 것이니 혹 이를 미워하며 저를 사랑하거나 혹 이를 중히 여기며 저를 경히 여김이라 너희가 하나님과 재물을 겸하여 섬기지 못하느니라

그러므로 내가 너희에게 이르노니 목숨을 위하여 무엇을 먹을까 무엇을 마실까 몸을 위하여 무엇을 입을까 염려하지 말라 목숨이 음식보다 중하지 아니하며 몸이 의복보다 중하지 아니하냐

공중의 새를 보라 심지도 않고 거두지도 않고 창고에 모아 들이지도 아니하되 너희 천부께서 기르시나니 너희는 이것들보다 귀하지 아니하냐

너희 중에 누가 염려함으로 그 키를 한 자나 더할 수 있느냐

또 너희가 어찌 의복을 위하여 염려하느냐 들의 백합화가 어떻게 자라는가 생각하여 보라 수고도 아니하고 길쌈도 아니하느니라

그러나 내가 너희에게 말하노니 솔로몬의 모든 영광으로도 입

은 것이 이 꽃 하나만 같지 못하였느니라

오늘 있다가 내일 아궁이에 던지우는 들풀도 하나님이 이렇게 입히시거든 하물며 너희일까보냐 믿음이 적은 자들아

그러므로 염려하여 이르기를 무엇을 먹을까 무엇을 마실까 무엇을 입을까 하지 말라

이는 다 이방인들이 구하는 것이라 너희 천부께서 이 모든 것이 너희에게 있어야 할 줄을 아시느니라

너희는 먼저 그의 나라와 그의 의를 구하라 그리하면 이 모든 것을 너희에게 더하시리라

그러므로 내일 일을 위하여 염려하지 말라 내일 일은 내일 염려할 것이요 한 날 괴로움은 그날에 족하니라"(마 6:19-34).

오늘의 말씀 중에서 "너희는 먼저 그의 나라와 그의 의를 구하라 그리하면 이 모든 것을 너희에게 더하시리라"(마 6:33)는 구절은 거듭난 성도들이 푯대로 삼아야 할 말씀입니다. 의인들의 마음에는 이 말씀이 분명하게 새겨져 있어야 합니다. 이 말씀을 믿고 좇는 의인은 믿음의 반석이 잘 놓인 자이며 믿음의 집을 견고하게 지을 수 있습니다. 먼저 하나님의 나라와 그의 의를 구하는 것이 옳다고 확신하고 그의 뜻을 좇는 의인은 아름답고 복된 사람입니다. 하나님께서는 그렇게 마음이 정해진 의인들의 필요를 다 채워 주시고 그들을 보호하십니다. "**너희는 먼저 그의 나라와 그의 의를 구하라 그리하면 이 모든 것을 너희에게 더하시리라**"—이 말씀을 믿고 좇으면 만사형통(萬事亨通)입니다. 그런데 죄 사함을 받은 자라도 그렇게 마음이 정해지지 않았다면, 그의 신앙생활에는 진보가 있을 수 없고 오히려 시험에 들어서 끝내 믿음을 저버리게 됩니다.

나의 보물은 어디에 있는가?

"너희를 위하여 보물을 땅에 쌓아 두지 말라 거기는 좀과 동록이 해하며 도적이 구멍을 뚫고 도적질하느니라 오직 너희를 위하여 보물을 하늘에 쌓아 두라 거기는 좀이나 동록이 해하지 못하며 도적이 구멍을 뚫지도 못하고 도적질도 못하느니라 네 보물 있는 그 곳에는 네 마음도 있느니라"(마 6:19-21).

여러분은 마음을 어디에 두고 있습니까? 우리 마음이 재물에 가 있느냐, 아니면 우리의 마음이 하나님의 일에 가 있느냐? 우리의 마음이 무엇을 더 근심하느냐? 하나님의 나라와 그 의가 이루어지는 일을 근심하고 거기에 마음을 드리고 있느냐 아니면 이 세상에서 잘 살며 영화를 누리는 데에 두고 있느냐? 우리의 마음이 하나님과 이 세상의 재물 중에 어디에 가 있느냐?— 이 질문에 우리 각자 정직하게 대답해야 합니다. 이 세상의 재물에 마음이 가 있는 사람은 하나님을 전적으로 믿고 좇을 수 없습니다.

며칠 전에 제가 우리 교회에 잠시 출석했었던 사람을 만나서 이런저런 얘기를 나눴습니다. 그런데 그 사람의 마음에는 여전히 돈이 자기의 신으로 자리를 잡고 있기 때문에 하나님께서 거하실 곳이 없었습니다. "너희가 하나님과 재물을 겸하여 섬기지 못하느니라"(마 6:24)고 말씀하였는데, 영어성경에는 "재물"이라는 단어가 "돈 신"(mammon, KJV)이라고 번역되어 있습니다. 이 세상 사람들에게는 돈이 신(神)입니다. 그들은 돈만 있으면 행복하겠다고 굳게 믿습니다. 그런 사람들의 마음에는 하나님의 말씀이 자리를 잡을 수 없습니다. 하나님은 모든 사람에게 진정으로 귀한 것 즉 천국의 영생을 주시고자 하는데, 그런 사람에게는 영생이 전혀 귀하지 않습니다. 비유하자면 진주나 다이아몬드가 돼지에게 전혀 귀하지 않은 것과 마찬가지입니다. 돼지가 다이아몬드를 깨물어 본다면, "에이, 이빨만 부러졌네!" 하고는 다이아몬드를 뱉어 내서 발로 확 짓밟겠죠! 그래서 주님은 **"거룩한 것을 개에게 주지 말며 너희 진주를 돼지 앞에 던지지 말라 저희가 그것을 발로 밟고 돌이켜 너희를 찢어 상할까 염려하라"**(마 7:6)고 말씀하셨습니다.

사람이 무엇을 자기의 보물로 여기느냐에 따라서 그가 존귀하게 될 자인지, 아니면 개 돼지로 살다가 멸망할 자인지가 결정됩니다. 대부분의 사람들은 돈을 보물로 여깁니다. 사람들은 돈이 있어야 존경도 받고, 병원에도 가고, 먹고 싶은 것을 마음껏 먹고, 여행도 하며 편안하고 행복하게 살 수 있다고 확신합니다. 물론 우리가 살아가자면 돈이 필요합니다. 그러나 돈이 우리의 신이 될 수는 없습니다. 우리는 아침 안개와 같이 이 땅에서 잠시 살다가 사라질 존재들인데 우리의 죽음 너머에는 영원한 세계가 기다리고 있습니다. 제가 그 지인에게도, "자네는 얼마나 더 살 것 같아?"라고 물었더니 "한 십 년은 더 살겠죠" 하고 대답했습니다. "그러면 죽으면 끝일까?" 하고 재차 물었더니, 그는 아무 대꾸도 안 했습니다. "죽으면 끝이 아니네. 자네가 자고 일어나면 새로운 날이 기다리고 있듯이, 자네가 죽으면 천국과 지옥이 자네를 기다리고 있어! 사람은 하나님 형상을 따라 영원한 존재로 만들어졌기 때문에 영원한 세계에 들어가게 되어 있어. 자네가 하나님의 구원의 사랑을 받아들여서 죄 사함을 받지 않고 돈을 신으로 섬기면서 살다가 죽으면 지옥에서 영원토록 고통을 겪게 될 걸세" 하고 권면해 주었습니다. 그러나 저는 그 지인이 저의 권면을 귓등으로도 듣지 않았다는 사실을 잘 압니다. 주님은 그런 자들에게 **"존귀에 처하나 깨닫지 못**

하는 사람은 멸망하는 짐승 같도다"(시 49:20)라고 경고하십니다.

영원한 세계(천국과 지옥)는 실재합니다

천국과 지옥은 분명히 있습니다. 지혜로운 사람은 눈에 보이는 세계가 다가 아니라는 사실을 믿습니다. 그리고 영적인 사람은 영원한 세계가 우리를 기다리고 있다는 사실도 분명히 믿습니다. **"태초에 하나님이 천지를 창조하시니라"(창 1:1)**는 성경의 첫 구절은 하나님께서 보이는 천지(天地)뿐만 아니라 보이지 않는 영원한 세계에 천국과 지옥도 만들어 놓으셨다는 사실을 계시합니다. 이 광활한 우주와 오묘한 자연의 질서와 아름다움을 바라보면서 어떻게 이 모든 세계가 저절로 생겨나서 저절로 돌아간다고 생각할 수 있습니까? 하다못해 저 벽시계 하나만 놓고 보더라도, 저 시계가 저절로 생겨나서 저절로 저렇게 돌아가고 있습니까? 저런 시계 하나도 장인(匠人)의 손에 의해서 만들어져서 하루 24시간을 정확하게 돌면서 시각을 가르쳐 주도록 저기에 걸려 있지 않습니까? 저 시계 하나도 저절로 생긴 것이 아닐진대, 오묘하고 정확한 질서로 운행하는 우주와 대자연이 어떻게 저절로 생겼겠습니까? 개나 돼지같이 육신의 욕망만을 좇는 자들은 돈을 신으로 섬기지만, 지혜로운 사람은 하나님을 믿습니다.

하나님께서는 우리를 극진히 사랑하셔서 당신의 구원의 사랑을 믿는 우리들에게 영원한 천국을 예비해 놓으셨고 이 땅에서도 우리에게 넉넉한 축복을 주십니다. 그래서 순수하게 말씀을 믿고 순종하는 사람은 절대로 미련한 자가 아닙니다. 지혜로운 자는 자기의 생각을 좇지 않고 오히려 하나님의 말씀을 따라갑니다. 주님께서는 우리에게 "외모로 하지 말고 마음으로 신앙생활을 하라"라고 권면하셨습니다. 그러면 **"은밀한 중에 보시는 너의 아버지가 갚으시리라"**(마 6:4, 6,18)고 약속하셨습니다. 이 부분이 흠정역(欽定譯) 성경(King James Version)에는 **"은밀한 중에 보시는 너의 아버지가 너희에게 <u>공개적으로</u> 갚으시리라"**(…thy Father which seeth in secret himself shall reward thee <u>openly</u>)고 번역되어 있습니다. 하나님께서는 당신의 뜻을 좇는 의인들이 얼마나 많은 축복을 받는지를 모든 사람이 다 알도록 "공개적으로"(openly) 갚아 주십니다.

저는 미력하고 부족합니다. 그래서 충성스럽게 주님을 좇지도 못했습니다. 저는 다만 진리의 원형복음을 믿음으로 거듭난 후에 이 진리의 복음을 전파하는 데에 저의 여생을 드려야겠다고 마음을 정(定)하고 하나님의 뜻을 좇았을 뿐입니다. 그런데 하나님께서 저에게 넘치는 은혜를 베푸셔서 수많은 간증이 있게 하셨습니다. 제가 처음 제주에 내려왔을 때에는 건강도 좋지 않았고 먹고 살 길도 막막했습니다. 나이 육십이 다 된 사람이 손에 쥔 것도 별로 없이 아무 연고도 없는 곳에서 살아간다는 것은 결코 쉬운 일이 아니었습니다. 그러나 저는 "내가 하나님을 믿고 하나님의 나라와 그의 의를 좇는다면 하나님께서 반드시 나를 붙들어 주실 것이다"라고 믿었습니다. 그런데 실로 하나님께서 저에게 놀라운 은혜를 계속 베풀어 주셨습니다. 주님께서 저에게 부어 주신 축복과 역사들이 얼마나 많고 기이한지 일일이 열거할 수도 없을 정도입니다. 그 후로 **"너희는 먼저 그의 나라와 그의 의를 구하라 그리하면 이 모든 것을 너희에게 더하시리라"**(마 6:33)는 말씀이 제 마음에 새겨졌습니다. 눈에 보이지 않는 하나님을 눈에 보는 것같이 믿는 사람은 이 말씀을 온전히 믿고 따라갑니다. 그러면 신실하신 하나님께서 "공개적으로"(openly) 갚아 주십니다.

나의 보물이 무엇이냐?

"나의 보물은 무엇인가? 재물인가, 아니면 천국의 영생인가? 나는 이 땅에서 잘 먹고 잘 사는 것으로 만족하느냐, 아니면 하나님의 뜻을 따라 살기를 원하느냐?"—우리 각자는 이것을 분명하게 자문(自問)해야 합니다. 그래서 혹시 자기의 마음이 잘못되었으면 스스로 책망해서 돌이켜야 합니다. 이 땅의 것들이 진정한 보물이라면 그것들을 따라가면 됩니다. 그런데 이 세상 사람들이 추구하는 땅의 것들, 즉 **"육신의 정욕과 안목의 정욕과 이생의 자랑"**(요일 2:16)은 잠시 보이다가 다 사라지는 헛된 것들입니다. 그러나 하나님의 나라와 그의 의의 말씀은 영원합니다. 믿음이 연약한 이들은 육신적으로 어려움이 오면 "내가 하나님을 잘 믿었는데 하나님이 계시다면 왜 이런 일이 내게 일어났느냐? 난 하나님을 믿지 않겠다!" 하며 믿음을 저버립니다. 그런 믿음을 가리켜 "기복신앙(祈福信仰)"이라고 합니다. 그런 믿음은 성황당에 제사상을 차려놓고 비는 무속(巫俗)신앙과 다를 것이 없습니다.

믿음의 사람은 어떤 어려움이 와도 꿋꿋하게 하나님을 의지하고 하나님의 뜻을 따릅니다. 참된 믿음이란 **"반드시 그(하나님)가 계신 것과 또한 그가 자기를 찾는 자들에게 상 주시는 이심"**(히 11:6)을 믿는 것입니다. 믿음의 사람은 어떤 어려움이 닥쳐오면 올수록 더욱더 하나님의 구원의 은혜를 붙들며 살아 계신 하나님을 눈으로 보는 것처럼 믿고 의지합니다. 하나님께서는 그런 믿음의 사람을 끝내는 일으키십니다. 하나님께서는 이 땅에서 온전한 믿음으로 주의 나라와 그의 의를 섬긴 자들에게 내세(來世)에서 천국의 영원한 생명을 누리게 하실 뿐만 아니라 현세(現世)에서도 백 배로 갚아 주십니다.

믿음은 선하신 하나님의 약속을 믿고 꿋꿋이 견뎌서 하나님의 응답을 얻어내는 인내입니다. 성경은 "**보라 인내하는 자를 우리가 복되다 하나니 너희가 욥의 인내를 들었고 주께서 주신 결말을 보았거니와 주는 가장 자비하시고 긍휼히 여기는 자시니라**"(약 5:11)고 말씀합니다. 욥은 "**순전하고 정직하여 하나님을 경외하며 악에서 떠난 자**"(욥 1:1)였습니다. 그러나 고난을 당하기 전의 그의 믿음은 거듭난 자의 믿음이 아니었습니다. 욥은 자기의 의가 충만했던 사람입니다. 욥에게는 자기가 얼마나 악하고 부족한지에 대한 자각(自覺)이 없었습니다. 그런 욥이 자기의 자녀 열 명을 한꺼번에 다 잃었고 그의 전 재산도 한꺼번에 다 날아갔습니다. 게다가 욥 자신은 말할 수 없이 고통스러운 피부병에 걸렸습니다. 그래서 욥은 고통 속에서 자기의 태어난 날을 한탄하면서 하나님께 불만을 토로하고 있었습니다.

그런데 하나님께서는 말씀으로 욥을 책망하셔서 욥이 스스로 자기의 꼬락서니를 깨닫게 하시고 끝내 자기가 아무것도 아니라는 고백을 받아 내셨습니다: "**내가 주께 대하여 귀로 듣기만 하였삽더니 이제는 눈으로 주를 뵈옵나이다 그러므로 내가 스스로 한하고 티끌과 재 가운데서 회개하나이다**"(욥 42:5-6). 욥이 땅에 엎드려 자기의 입을 가리우고 자기의 무지하고 무력한 실상(實像)을 시인하고 나서야 하나님께서 그를 다시 일으켜 주셨습니다. 하나님 앞에서 자신의 비참한 꼬락서니를 깨닫고 시인한 자라야 거듭남의 축복을 누리고 하나님의 나라와 그의 의를 좇을 수 있습니다. 인간의 의로는 하나님의 의를 가리는 일밖에 할 수 없습니다. 그 나라와 그 의를 구하려면, 먼저 자기의 의가 더러운 옷과 같다는 사실을 인정하고 전적으로 하나님의 의로 옷 입어야 합니다. 물과 피의 복음으로 거듭난 자라야 "**그의 나라와 그의 의**"를 구할 수 있습니다.

거듭난 영혼이라야 하나님의 의를 좇을 수 있습니다

"눈은 몸의 등불이니 그러므로 네 눈이 성하면 온 몸이 밝을 것이요 눈이 나쁘면 온 몸이 어두울 것이니 그러므로 네게 있는 빛이 어두우면 그 어두움이 얼마나 하겠느뇨 한 사람이 두 주인을 섬기지 못할 것이니 혹 이를 미워하며 저를 사랑하거나 혹 이를 중히 여기며 저를 경히 여김이라 너희가 하나님과 재물을 겸하여 섬기지 못하느니라"(마 6:22-24).

눈은 영혼입니다. 거듭난 자의 영혼은 순결하고 밝습니다. 그래서 무엇이 소중한지를 잘 압니다. 『곡성』이라는 영화에 등장하는 아역 배우가 자기 아버지에게 "뭣이 중한디? 뭣이 중허냐고?"라며 외치는 대사가 나옵니다. 무엇이 중한지를 제대로 아는 사람은 영적인 눈이 밝은 사람입니다. "하나님과 함께 천국에서 영생 복락을 누리는 것이 나의 보물이다"라고 마음을 정한 사람은 눈이 밝은 사람입니다. 눈이 밝으면 우리는 아무리 힘한 길에서도 넘어지지 않습니다. 눈이 멀면 어디가 길인지도 알지 못하고 자주 걸려 넘어지며 구덩이에도 빠집니다. 예수님께서는 소경의 눈을 뜨게 하셨는데, 그것은 흑암(죄) 가운데 행하던 죄인이 죄 사함을 받고 영적인 눈을 뜨게 되는 거듭남의 축복을 계시한 사건입니다. 죄 사함을 받은 영혼은 무엇이 가장 귀한 것인지를 알고 거기에 자기의 마음을 두고 살아가기 때문에 그의 삶 전체가 밝습니다. "**네 눈이 성하면 온몸이 밝을 것이요**"—거듭나서 진리의 빛 가운데 선 사람은 빛을 따라 살아갑니다. 그러나 거듭나지 못한 사람은 어두움을 따라가서 끝내 지옥의 멸망에 이르게 되는 것입니다.

먼저 그 나라와 그 의를 구하라"(마 6:33)

우리는 진리의 복음으로 거듭난 하나님의 백성입니다. 하나님의 백성에게는 "**그의 나라와 그의 의**"가 중(重)합니다. "**너희는 먼저 그의 나라와 그의 의를 구하라**"라는 말씀에서 "**먼저**"라는 단어에 우리는 유의해야 합니다. 의복이나 음식 같은 육신의 필요를 구하지 말라는 것이 아니라, 그것들을 "**먼저**" 구하지 말라는 말씀입니다. 우리가 영육간에 필요한 것을 하나님께 구하는데, 영적인 것을 "**먼저**" 구하라는 말씀입니다. 우리가 먼저 하나님의 나라와 하나님의 의를 구하면 우리의 육신에 필요한 것들은 하나님께서 다 채워주십니다. 우리가 구하기도 전에 그런 것들이 우리에게 필요한 줄을 하나님께서 다 아십니다. 그런데 믿음이 없으니까 우리는 육신적인 필요를 채워달라고 하나님께 애걸합니다. 우리가 어떤 비싼 물건을 사면 사은품이 따라옵니다. 제가 이번에 안마의자를 하나 샀더니 사은품으로 프라이팬(frypan)이 하나 따라왔는데 쓸 만합니다. 그래 봤자 그것은 사은품이고 덤으로 주는 것입니다. 중요한 것은 안마의자라는 본품(本品)입니다. 우리가 "무엇을 먹을까 무엇을 마실까 무엇을 입을까" 하는 것들은 먼저 그의 나라와 그의 의를 구하면 덤으로 따라오는 사은품입니다.

우리가 겨우 눈곱만큼 주님의 복음을 섬겼는데, 하나님께서 우리에게 얼마나 많은 사은품을 주셨습니까? 그러니 우리 모두가 온 마음을 드리고 합심해서 복음을 전파한다고 하면 어떻게 될까요? 하나님께서 너무 많은 사은품을 쏟아부어 주셔서 아마 다 쓰지도 못하게 될 것입니다. 믿음이 강건하게 되지 않았는데, 물질의 축복을 감당할 수 없이 많이 받게 되면 타락하기 쉽습니다. 그래서 하나님은 우리가 타락하지 않고 맡은 사역을 잘 감당하라고 수위를 조절해서 우리에게 때를 따라 알맞게 공급하십니다. 하나님께서 지금 우리에게 100억 원 정도 주셨다고 가정해 봅시다. 그 돈 때문에 우리 가운데 큰 분란이 일어날 것입니다. **"나로 가난하게도 마옵시고 부하게도 마옵시고 오직 필요한 양식으로 내게 먹이시옵소서 혹 내가 배불러서 하나님을 모른다 여호와가 누구냐 할까 하오며 혹 내가 가난하여 도적질하고 내 하나님의 이름을 욕되게 할까 두려워함이니이다"**(잠 30:8-9)라고 기도한 하나님의 종의 믿음을 우리는 본받아야 할 것입니다.

"하물며 너희일까 보냐 믿음이 적은 자들아"

우리는 하나님의 자녀입니다. 하나님 자녀이면 하나님 아버지의 것이 다 우리의 것입니다. 그런데 믿음이 없어서 육신의 것들에 얽매이고 염려한다면 우리는 **"믿음이 적은 자들"**입니다. 전능하신 하나님이 자기의 아버지인데 그 하나님의 능력을 믿지 않는다면 믿음이 적은 것입니다. 우리는 마음의 우선순위를 분명히 해야 합니다. 먼저 그 나라와 그 의를 구하는 자에게는 하나님께서 다 공급하신다는 확신을 우리는 가져야 합니다. 우리는 정직하게 자기 마음을 들여다보고 잘못된 영적 우선순위를 바로잡아야 합니다. 오늘 저는 사택의 2층 복도를 깨끗하게 정리하고 청소했습니다. 그랬더니 공간도 많이 생기고 보기도 좋았습니다. 우리의 마음속도 뒤죽박죽되어서 쓰레기 같은 것들이 가장 높은 자리에 올라가 있고 진짜 귀한 것은 쓰레기통에 들어가 있을 수 있습니다. 그러면 마음속을 확 뒤집어엎어서 바로잡아야 합니다.

예수님께서 성전에 들어가셨을 때에 비둘기 파는 사람, 염소 새끼를 파는 사람, 좌판을 벌인 환전상들로 성전 뜰이 아수라장이었습니다. 예수님께서는 환전상들의 상을 뒤집어엎으시고 장사꾼들을 다 내쫓았습니다. **"너희가 하나님의 성전인 것과 하나님의 성령이 너희 안에 거하시는 것을 알지 못하느뇨"**(고전 3:16)—성경은 우리의 마음을 가리켜 하나님의 성령이 거하시는 성전이라고 말씀합니다. 성전에 들어가셔서 확 뒤집어엎으신 예수님께서 쓰레기통 같은 자의 마음에 오셔서 확 뒤집어엎기를 바랍니다. 그래서 정(靜)한 마음과 정(定)한 뜻으로 마음의 우선순위를 바로잡게 되기를 바랍니다. 하나님은 질서의 하나님입니다. 우리 마음에 질서가 딱 잡히면 하나님께서 "보시기에 좋았더라"라고 기뻐하실 것입니다. 우리 마음에 질서가 딱 잡히면 우리의 마음도 평안하고 좋습니다.

"너희는 먼저 그의 나라와 그의 의를 구하라 그리하면 이 모든 것을 너희에게 더하시리라"(마 6:33). 무엇이 중한지가 마음에 제대로 자리 잡은 자는 복이 있습니다. 그런 자의 영의 눈은 밝아서 삶 전체가 밝게 됩니다. 그런 의인은 진리의 빛을 좇아서 살아가기 때문에 넉넉히 **"빛의 자녀처럼 행"**(엡 5:8)할 수 있습니다. 그런데 영적인 우선순위가 뒤죽박죽이면 온몸이 어둡습니다. 그런 사람은 하는 짓마다 어둠의 일을 하고 입술로 내는 말마다 자기의 믿음을 축내는 말을 합니다. 그런 어두움의 말로 남에게도 상처를 주고 자신도 상처를 입습니다. 그런 자는 무엇을 결정할 때마다 주님의 뜻과 반대되는 결정을 내립니다.

우리는 **"너희는 먼저 그의 나라와 그의 의를 구하라 그리하면 이 모든 것을 너희에게 더하시리라"**(마 6:33)는 말씀을 우리 영혼의 좌우명(座右銘)으로 삼고 살아야 합니다. 우리는 **"무엇이 먼저냐"**라는 우선순위가 분명해야 합니다.

말씀을 마쳤습니다.

비판하지 말라

"비판을 받지 아니하려거든 비판하지 말라

너희의 비판하는 그 비판으로 너희가 비판을 받을 것이요 너희의 헤아리는 그 헤아림으로 너희가 헤아림을 받을 것이니라

어찌하여 형제의 눈속에 있는 티는 보고 네 눈속에 있는 들보는 깨닫지 못하느냐

보라 네 눈속에 들보가 있는데 어찌하여 형제에게 말하기를 나로 네 눈속에 있는 티를 빼게 하라 하겠느냐

외식하는 자여 먼저 네 눈속에서 들보를 빼어라 그 후에야 밝히 보고 형제의 눈속에서 티를 빼리라

거룩한 것을 개에게 주지 말며 너희 진주를 돼지 앞에 던지지 말라 저희가 그것을 발로 밟고 돌이켜 너희를 찢어 상할까 염려하라"(마 7:1-6).

자기의 기준으로 타인을 판단하고 비난하는 것을 "비판"(批判)이라고 합니다. 주님께서는 "다른 이들을 비판하지 말라"라고 교훈하셨습니다. 우리 속담에도 "똥 묻은 개가 겨 묻은 개를 나무란다"라는 말이 있습니다. "**너희의 비판하는 그 비판으로 너희가 비판을 받을 것이요 너희의 헤아리는 그 헤아림으로 너희가 헤아림을 받을 것이니라**"(마 7:2)는 말씀은 "너는 얼마나 잘났느냐? 네가 다른 이들을 비판할 주제가 되느냐?"라고 반문하시는 말씀입니다. 우리 인간은 누구나 "**만물보다 거짓되고 부패한**"(렘 17:9) 마음을 가지고 있습니다. 그런 주제에 우리가 누구를 판단하고 비난할 수 있겠습니까? 어떤 사람에게 손가락질을 하면 그 사람을 향한 것은 검

지 하나이지만 나머지 손가락들 중에서 세 개가 자기를 향합니다. 저도 가끔 다른 사람을 비판하다가 "그러면 너는 어떤데?" 하는 생각이 들어서 스스로 머쓱해하며 저의 뒷머리를 긁게 됩니다. 자기의 꼬락서니를 제대로 아는 사람은 남을 비판하려다가도 입이 쏙 들어갑니다.

우리는 다 죄 덩어리입니다. 하나님 앞에서 악하고 이기적이고 부족한 것으로 치면, 인간끼리는 다 "도토리 키 재기"입니다. 30여 년 전에 제가 공동체 운동을 할 때에 미국의 미네소타 주에 있는 베타니 공동체(Bethany Community)를 방문하러 가다가 시카고에 잠시 들렀습니다. 그 도시에서 지인의 안내를 받아서 존 행콕 타워(John Hancock Tower)에 올라가 보았습니다. 지금은 더 높은 빌딩들도 많지만, 당시에는 그 건물이 세계에서 몇 번째 안에 드는 높은 빌딩이었습니다. 그 꼭대기의 전망대에서 밑을 내려다보면 사람들이 콩알만 하게 보입니다. 키가 큰 사람이나 키가 작은 사람이나 아무 구별이 없었습니다. 그러니 하나님께서 내려다보시면 우리들은 다 "도토리 키 재기"라는 속담에 해당됩니다. 사람이 잘났으면 얼마나 잘났으며, 또 못났으면 얼마나 못났겠습니까? 우리끼리나 "내가 잘났네, 네가 잘났네" 하며 판단하는 것이지 절대자인 하나님 앞에서는 우리 모두가 다 죄 덩어리에 불과합니다. 그렇기 때문에 사실 우리가 누구를 비판한다는 것이 마땅치 않습니다.

50억 원을 횡령해 먹은 놈이 있고, 5억 원을 도둑질해 먹은 놈이 있고, 5백만 원을 사기 쳐 먹은 놈이 있다고 가정합시다. 세 사람의 죄가 드러나서 재판을 받는다면 형량이 다를 수 있습니다. 이렇게 사람의 기준으로는 악한 것도 정도의 차이가 있을 수 있습니다. 그러나 하나님 앞에서는 다 똑같은 죄인에 불과합니다. 사람들은 다 자기를 두둔합니다. 그래서 "똥개도 자기 집 앞에서는 50점 먹고 들어간다"라는 우스갯소리도 있지 않습니까? 자기가 바람을 피우면 로맨스이고, 남이 바람을 피우면 불륜(不倫)이라고 해서 "내로남불"이라는 우스갯소리까지 생기지 않았습니까? 그런데 내가 바람을 피웠다고 어떻게 로맨스가 됩니까? 둘 다 불륜입니다. 우리는 자기 자신에 대해서 오히려 냉정하고 자기에게 점수를 먹일 때에는 인색해야 합니다. 그리고 남에게는 관대해야 합니다. 그렇게 해야만 하나님의 은혜를 입습니다. 자기가 얼마나 부족하고 악하고 거짓되고 부패한 자인지를 정직하게 인정하는 사람이 오히려 하나님의 은혜를 풍성하게 누립니다.

내 눈의 들보를 먼저 빼어야 합니다

"어찌하여 형제의 눈속에 있는 티는 보고 네 눈속에 있는 들보는 깨닫지 못하느냐"(마 7:3). 주님께서는 자기의 꼬락서니를 보지 못하는 자들을 책망하십니다. 눈은 영혼을 지칭하는데, 자기의 영혼에 대들보만 한 죄가 들어앉아 있으면서 그것이 죄인지조차도 깨닫지 못하는 이들이 많습니다. 그런 이들은 죄를 죄로 여기지도 않습니다. 며칠 전에 대학 후배가 찾아와서 복음을 전해 줄 요량으로 차를 한잔 나누면서 이런저런 얘기를 나누었습니다. 그 후배는 자기의 옳음으로 충만해 있었기 때문에, 자기가 얼마나 죄악된 존재인지를 전혀 인정할 수 없는 마음 상태였습니다. 그러면서도 다른 사람을 판단하고 비난하는 데에는 열성적이었습니다. 자기의 눈에 큰 들보가 들어앉아 있어서 아무것도 못 보는 주제에 어떻게 다른 사람의 눈에서 티를 꺼내 주겠어요? 먼저 자기 눈의 들보를 빼버려야 눈이 밝아져서 다른 사람의 눈의 티도 빼줄 수 있는 것입니다.

아직 거듭나지 못한 사람은 무엇보다도 먼저 거듭나야 합니다. 마음에 죄가 있어서 영적인 세계를 볼 수 없는 사람은 먼저 자기의 영혼에서 죄의 들보가 쏙 빠지는 죄 사함을 받아야 합니다. 그러면 영의 눈이 밝아져서 다른 사람의 죄의 문제뿐 아니라 인생의 모든 문제들도 해결해 줄 수 있습니다. 죄 사함을 받은 사람도 자칫하면 다른 종류의 들보들로 눈이 가로막힐 수 있습니다. 우리의 영적인 눈을 가로막는 요소 중에는 자기 생각의 들보도 무시할 수 없습니다. 죄 사함을 받아서 분명히 죄의 들보는 빠졌지만 여전히 자기 생각의 들보가 가로막고 있는 자들이 있습니다. 그런 사람은 결국 그 들보로 인해 자기 생각의 늪에 빠져 죽게 됩니다. 그러므로 거듭난 의인들은 항상 자기의 생각을 부인해야만 합니다. 우리가 물과 피의 복음을 온전히 믿으면, 우리 영혼의 눈에서 죄의 들보는 단번에 빠지지만, 우리의 생각의 들보는 평생을 빼내야만 합니다. 그렇게 함으로써 우리는 영적으로 밝은 눈을 유지할 수 있습니다.

거듭나야 눈이 밝아집니다

"외식하는 자여 먼저 네 눈속에서 들보를 빼어라 그 후에야 밝히 보고 형제의 눈속에서 티를 빼리라"(마 7:5).

"외식하는 자"는 종교인을 지칭하는데, 그들은 외식(外飾)의 전문가들입니다. 외식(外飾)이란 단어는 바깥 외(外) 자와 꾸밀 식(飾) 자로 되어 있는데, 범죄한 아담과 하와가 무화과 나뭇잎으로 치마를 해 입었던 것처럼, 자기의 선한 행위로 자기의 수치를 가리려는 노력이 바로 외식(外飾)입니다. 종교인들은 외모와 언행을 가장 중시합니다. 그러나 그들의 마음에는 죄가 그대로 남아 있습니다. 그래서 종교인들은 더욱더 외모와 언행에 신경을 씁니다. 진리의 복음을 믿는 사람은 별로 외모를 꾸미지 않습니다. 거듭난 의인들은 자기의 꼬락서니를 정직하게 인정하기 때문에 하나님 앞에서나 사람들 앞에서 자기 자신을 언제나 솔직하게 드러냅니다. 종교인들은 외식을 하면서 자기의 의를 자랑하지만, 거듭난 신앙인들은 하나님의 의만을 자랑합니다.

외식하는 종교인들의 영혼에는 죄악의 들보와 자기 생각의 들보라는 두 개의 큰 들보가 들어앉아 있습니다. 그들은 속히 물과 피의 복음으로 죄 사함을 받아서 죄악의 들보를 뽑아 버리고, 또 자기 생각의 들보도 확 뽑아 버려야 합니다. 그리고 오직 하나님의 말씀으로 영의 눈이 밝아져야 합니다. 아담과 하와가 하나님께서 먹지 말라고 명하신 선악을 알게 하는 나무의 열매를 따먹고 눈이 밝아졌는데, 그때에 그들은 사단 마귀의 거짓된 지식과 가치관에 있어서 눈이 밝아진 것입니다. 이후로 아담의 후손은 거짓과 외식(外飾)의 전문가가 되었습니다. 아담이 마귀에게 속아서 죄를 지은 후에, 그의 후손들은 사단 마귀의 눈으로 세상을 바라보는 데에 눈이 밝아졌습니다. 범죄한 인류는 이 세상의 가치들(돈, 명예, 권력, 쾌락 등)을 좇는 데에 눈이 밝아졌고, "어떻게 하면 내 실체를 숨기고 남을 속일까?" 하는 데에 눈이 밝아졌습니다. 그래서 그들은 지금도 무화과 나뭇잎으로 외식의 치마를 만들어 입습니다.

그런데 하나님께서는 아담과 하와에게서 **무화과 나뭇잎 옷**을 벗기시고 어린양을 희생시켜서 만드신 **가죽옷**을 입혀 주셨습니다.

자기들의 공로와 의로 만든 외식(外飾)의 옷으로는 결코 죄악을 가릴 수 없고 하나님의 심판을 피할 수 없었는데, 하나님께서 친히 당신의 외아들을 "**물과 피로 임**"(요일 5:6)하게 하셔서 만들어 주신 가죽옷을 그들에게 입혀 주셨습니다. 이 **가죽옷**은 하나님의 의를 뜻하는데, 우리의 모든 수치(죄)를 영원하고 완전하게 가릴 수 있는 진리의 원형복음을 계시합니다. 진리의 복음을 믿음으로 자기 눈을 가로막고 있는 죄악의 들보를 빼버리고 영적인 눈이 밝아진 자들이 거듭난 자들이며 믿음으로 의인된 자들입니다. 그들은 하나님의 말씀과 하나님의 의에 눈이 밝아져서 실족(失足)하지 않고 다닐 수 있습니다. 예수님은 "**사람이 낮에 다니면 이 세상의 빛을 보므로 실족하지 아니하고 밤에 다니면 빛이 그 사람 안에 없는 고로 실족하느니라**"(요 11:9-10)고 말씀하셨습니다. 어두운 길로 다니는 자들은 실족하고 넘어집니다. 사단 마귀의 거짓말에 사로잡혀서 살아가는 사람들은 실족해서 끝내 지옥에 떨어집니다. 그러나 진리의 말씀을 믿고 밝은 영의 눈으로 살아가는 사람은 실족하지 않습니다. 거듭난 후에 하나님의 말씀 안에서 성령의 인도하심을 따라 살아가는 자들이 낮에 다니는 자들인데 그들은 영적인 눈이 밝아서 실족하지 않습니다.

예수님께서 이 땅에 오셨을 때에 소경의 눈을 많이 띄워 주셨는데 그러한 이적(異蹟)들은 죄인이 의인으로 거듭나는 은혜를 계시합니다. 청년 사울도 예수님을 믿는 자들을 잡아들이려고 말을 타고 다메섹(Damascus)으로 달려가던 중에 부활하신 주님께서 태양보다 더 밝은 빛으로 자기 앞에 나타나신 것을 보고 눈이 멀었었습니다. 그런데 주님의 인도하심을 따라 아나니아라는 주님의 제자를 찾아가서 그에게서 진리의 말씀을 듣게 되었습니다. 그러자 사울의 눈에서 비늘 같은 것이 떨어졌고 그는 밝히 보게 되었습니다. 사울이 바울로 거듭나는 역사를 계시한 사건입니다. 우리의 영의 눈에서 죄의 들보가 빠지려면 죄 사함을 받아야 합니다. 그래야만 밝히 보고 다른 이들도 죄 사함을 받도록 인도할 수 있습니다. 종교인들은 속히 거듭나야 합니다. 주님은 "**외식하는 자여 먼저 네 눈속에서 들보를 빼어라 그 후에야 밝히 보고 형제의 눈속에서 티를 빼리라**"라고 그들에게 거듭날 것을 촉구하십니다.

진리의 복음을 아무에게나 전하지 말라

"거룩한 것을 개에게 주지 말며 너희 진주를 돼지 앞에 던지지 말라 저희가 그것을 발로 밟고 돌이켜 너희를 찢어 상할까 염려하라"(마 7:6).

거룩한 것은 **진리의 복음**입니다. 진리의 복음이 가장 거룩한 것이며 모든 죄인들을 의인으로 거듭나게 하는 능력은 원형의 복음 안에만 있습니다. 그런데 주님은 진리의 원형복음(原形福音)을 아무에게나 전하지 말라고 말씀하셨습니다. 개나 돼지는 진리를 찾지도 않고 영생을 귀하게 여기지도 않는 육신적인 사람을 지칭합니다. "참 속담에 이르기를 개가 그 토하였던 것에 돌아가고 돼지가 씻었다가 더러운 구덩이에 도로 누웠다 하는 말이 저희에게 응하였도다"(벧후 2:22)라고 기록되어 있습니다. 개나 돼지는 "**멸망하는 짐승**"(시 49:20)이며 "**이성 없는 짐승**"(벧후 2:12)들입니다. 멸망하는 짐승들이 하나님과 영생을 사모하고 진리의 복음을 거룩하게 여길 수 있겠습니까? 그냥 자기 눈앞에 먹을 것만 있으면 짐승들은 만족하고 행복합니다. 하나님은 사람을 존귀하게 만드셨지만

비판하지 말라   183

그저 육신적으로 잘 먹고 잘 살고 쾌락을 누리는 것만을 추구하는 사람들이 바로 "개 돼지 같은 놈들"입니다. 진리의 복음은 다이아몬드나 진주보다 더 값진 것인데, 그 귀한 것이 개나 돼지에게는 아무 가치가 없습니다. 돼지는 진주를 그냥 한번 깨물어 보고는 "에이 뭐가 이래? 이빨만 깨졌네!" 하며 뱉어 버립니다. 그리고 오히려 복음을 전해 준 사람을 공격하고 해치려 합니다.

  육신의 욕망만을 추구하는 자들에게는 복음을 전해 주지 말라고 주님께서 말씀하셨습니다. 밭에 씨를 뿌리려면 먼저 밭을 갈아엎고 돌을 골라내고 거름을 주고 두둑과 이랑을 만드는 등 많은 수고를 해야 하듯이, 개나 돼지와 같은 사람들에게는 무턱대고 복음의 씨부터 뿌릴 것이 아니라 더 많은 수고를 해야 합니다. 영혼들에게 복음을 전하려면 먼저 그들의 마음밭을 잘 갈아엎어서 그들이 자기의 마음속이 얼마나 더러운지, 인생이 얼마나 허망한 것인지를 깨닫게 해 주어야 합니다. 그래서 먼저 그들이 하나님께서 살아 계시다는 것을 믿게 해야 하고, 천국의 영생을 사모하도록 인도해 줘야 합니다. 그래서 그들이 귀한 것을 귀하게 여기는 영적인 마음이 준비되었을 때에, 거룩한 복음을 전해 주어야 합니다.

  사도 바울은 그런 수고를 **"해산하는 수고"**(갈 4:19)라고 기록하고 있습니다. 턱도 없이 아무에게나 "예수 천당"이라고 외치며 전도하면 되는 줄 압니까? 천하보다 귀한 한 영혼을 예수 그리스도의 복음으로 거듭나게 해서 하나님의 나라에 들어가게 하는 일은 먼저 거듭난 자들의 **"해산하는 수고"**로 이루어집니다. 그렇지 않고 무턱대고 거룩한 복음을 전해 주면, 개나 돼지 같은 인간들은 그 귀한 것을 뱉어 버리고 발로 짓밟고 오히려 자기에게 하나님의 은혜를 전해 주고자 한 의인들을 물어뜯어 상하게 합니다. 그래서 주님은 "보라 내가 너희를 보냄이 양을 이리 가운데 보냄과 같도다 그러므로 너희는 뱀 같이 지혜롭고 비둘기 같이 순결하라"(마 10:16)고 말씀하셨습니다. 우리는 거룩한 복음을 전할 때에 뱀처럼 용의주도하고 지혜롭게, 또 비둘기같이 순결한 마음으로 진리의 복음을 가감(加減) 없이 전해야 할 것입니다.

말씀을 마쳤습니다.

하나님의 뜻이라면 담대히 기도하라

"구하라 그러면 너희에게 주실 것이요 찾으라 그러면 찾을 것이요 문을 두드리라 그러면 너희에게 열릴 것이니

구하는 이마다 얻을 것이요 찾는 이가 찾을 것이요 두드리는 이에게 열릴 것이니라

너희 중에 누가 아들이 떡을 달라 하면 돌을 주며

생선을 달라 하면 뱀을 줄 사람이 있겠느냐

너희가 악한 자라도 좋은 것으로 자식에게 줄줄 알거든 하물며 하늘에 계신 너희 아버지께서 구하는 자에게 좋은 것으로 주시지 않겠느냐

그러므로 무엇이든지 남에게 대접을 받고자 하는 대로 너희도 남을 대접하라 이것이 율법이요 선지자니라"(마 7:7-12).

하나님께서는 당신의 자녀들에게 모든 좋은 것을 주기를 간절히 원하십니다. 선하신 하나님은 거듭난 우리에게 유익한 것이라면 다 허락하고 베풀어 주십니다.

우리는 하나님께 무엇을 구할 것인가?

"구하라 그러면 너희에게 주실 것이요 찾으라 그러면 찾을 것이요 문을 두드리라 그러면 너희에게 열릴 것이니 구하는 이마다 얻을 것이요 찾는 이가 찾을 것이요 두드리는 이에게 열릴 것이니라"(마 7:7-8). 이 말씀은 우리가 하나님께 무엇을 구하면 반드시 얻는다는 약속입니다. 얼마나 감사한 약속의 말씀입니까?

그러나 우리는 먼저 하나님께 구할 것이 **"무엇인가"**를 생각해 봐야 합니다. 하나님 앞에 믿음으로 구할 것이 있고 구해서는 안 되는 것들도 있습니다. 우리는 선하고 좋은 것들을 하나님께 구해야 합니다. 우리에게 해가 되고 저주가 될 것들을 구한다고 하면, 하나님께서 그런 것들을 우리에게 주시겠습니까? 어린아이들이 자기 부모에게 총을 사달라고 하면 어느 부모가 그런 청을 들어주겠습니까? 그래서 우리는 먼저 "하나님께 무엇을 간구해야 하느냐?" 하는 것을 생각해 봐야 합니다. 우리가 하나님께 구할 것은 아주 많습니다. 우리는 우리에게 필요한 것들을 모두 다 기도제목으로 삼을 수 있습니다. 우리는 하나님께 건강도 구할 수 있고, 일용할 양식도 구할 수 있고, 직장도 구할 수 있고, 가족의 화목도 구할 수 있습니다. 그러나 기독교인들이 최우선적으로 구할 것이 있습니다.

기독교인들이 하나님 앞에 가장 먼저 구할 것은 **"죄 사함으로 말미암는 구원"**(눅 1:77)입니다. 마음에 죄가 있는 사람은 제일 먼저 자기가 죄 사함을 받음으로써 하나님의 자녀가 되는 축복을 간구해야 합니다. 하나님의 자녀가 되지도 못한 채로 재물이나 명예나 권력을 얻은들 그것들이 무슨 소용이 있겠습니까? 아직까지 천국 영생을 얻지 못한 사람은 **"죄 사함으로 말미암는 구원"**을 받게 해달라고 하나님께 간구해야 합니다. **"죄의 삯은 사망"**(롬 6:23)입니다. 아직 마음에 죄가 있어서 지옥의 심판을 받을 수밖에 없는 사람은 먼저 **"죄 사함"**을 받아야 합니다. 사람이 천하를 다 얻고도 자기 목숨을 잃으면 무슨 소용이 있습니까? 이 땅의 물질이나 명예나 권력을 다 얻었어도 죽어서 지옥에 떨어져서 영원토록 고통을 겪어야 한다면 이 땅의 부귀영화가 무슨 소용이 있습니까? 그래서 사람이 최우선적으로 구할 것은 **"죄 사함으로 말미암는 구원"** (눅 1:77)입니다. 하나님 앞에서 마음의 죄가 깨끗이 씻기는 죄 사함을 받아서 영생의 구원을 얻는 것, 그것이 기독교인들 각자가 가장 시급하게 구할 기도제목입니다.

죄 사함을 받고 거듭난 의인들은 진리의 복음을 믿는 믿음을 잘 지키게 해달라고 하나님께 간구해야 합니다. 사단 마귀는 택함을 받은 백성들조차 흔들고 유혹해서 그들을 다시 멸망의 나락으로 떨어뜨리려고 호시탐탐 기회를 엿봅니다. 거듭난 사람도 얼마든지 시험에 빠져서 구원의 은총을 잃어버릴 수 있습니다. 거듭난 의인들도 연약합니다. 의인들도 엄청난 죄에 빠지게 되면 그 죄의 무게에 짓눌려서 얼마든지 복음을 잃어버리고 다시 영적인 사망에 떨어질 수 있습니다. 그래서 주님께서도 우리가 기도할 때에 **"우리를 시험에 들게 하지 마옵시고 다만 악에서 구하옵소서"**(마 6:13)하고 기도하라신 것입니다. 저도 연약하기 때문에 시험에 들지 않게 해달라고 늘 기도합니다. 저는 제 자신이 연약하고 부족하다는 사실을 너무 잘 알기 때문에 하나님 앞에서 제 마음을 지키게 해달라고 늘 기도합니다. **"무릇 지킬만한 것보다 더욱 네 마음을 지키라 생명의 근원이 이에서 남이니라"**(잠 4:23)고 주님은 말씀하셨습니다. 우리 의인들은 믿음으로 구원의 은혜를 잘 지킬 수 있게 해달라고 하나님께 기도해야 합니다.

죄 사함을 받은 의인의 기도제목

거듭난 의인들은 또 무엇을 **"먼저"** 구해야 합니까? 의인들은 선한 일을 위해서 자신을 드리게 해달라고 기도해야 합니다. 거듭난 우리는 하나님의 자녀들입니다. 이제 하나님의 일이 우리의 일이 되었고 우리는 복음의 일꾼이 되었습니다. 우리가 하나님의 자녀이면 우리는 마땅히 하나님의 일을 위해서, 즉 영혼들이 **"죄 사함으로 말미암는 구원"**(눅 1:77)을 받도록 기도해야 합니다. 사도 바울은 복음을 전파하는 일이 **"화목하게 하는 직책"**(고후 5:18)이며, 이 직책은 천사들도 부러워하는 직분이라고 자랑했습니다. 죄로 인하여 하나님과 원수가 되었던 사람들을 진리의 복음으로 거듭나게 해서 하나님과 다시 화목하게 하는 직책을 우리가 받았습니다. 그 직분을 잘 수행하는 자는 가장 값지고 존귀한 삶을 살아가고 있는 것입니다. 죄 사함을 받은 의인들은 그런 의로운 삶을 살게 해달라고 하나님께 구해야 합니다. 우리는 각처에 하나님의 교회를 세워 달라고 기도해야 하며, 동역자(同役者)들을 일으켜 달라고 기도해야 하며, 우리에게 영혼들을 보내 달라고 기도해야 합니다. 또 우리는 복음 전파에 필요한 은사나 재정도 하나님께 구해야 합니다.

이와 같이 사람이 하나님께 기도를 드리는 데에도 우선순위가 있습니다. 아직 죄 사함을 받지 못한 사람은 먼저 **"죄 사함으로 말미암는 구원"**(눅 1:77)을 받게 해달라고, 즉 자기도 거듭나서 하나님의 자녀가 되게 해달라고 최우선적으로 간구해야 합니다. 그러면 하나님께서 하나님의 교회를 만나게 하시고 하나님의 종으로부터 진리의 원형복음의 말씀을 듣게 하셔서 거듭나게 하십니다. 하나님께서는 자신이 지옥에 갈 자이니 불쌍히 여겨 달라고 애원하는 자, 즉 심령이 가난한 자를 반드시 만나 주십니다. **"물과 피로 임하신"** (요일 5:6) 예수님을 만나서 죄 사함을 받고 거듭난 의인들은 이제부터 믿음을 지키게 해달라고 기도하고 또 복음을 전파하는 귀한 삶, 즉 선한 일을 위해서 살게 해달라고 하나님께 기도해야 합니다. 또 그런 영적인 삶을 사는데 필요한 건강이나 은사나 재물도 구체적으로 구해야 할 것입니다.

이런 것들을 하나님 앞에 구하는데 우리는 아무 거리낌이 없습니다. 우리가 하나님께 구하는 것들이 하나님께서 기뻐하시는 것들이기에 우리는 담대하게 구할 수 있습니다. 그리고 하나님께서는 우리의 기도를 반드시 들으십니다. 오늘의 본문에, **"구하라 그러면 너희에게 주실 것이요"**라고 말씀하셨지만, 그것은 "하나님의 뜻을 좇아서 구하라 그러면 너희에게 주실 것이요"라는 말씀입니다. 우리는 하나님의 뜻이 이 땅에 이루어질 것을 하나님께 구해야 합니다. 그래서 주의 기도(Lord's Prayer)에도 **"나라이 임하옵시며 뜻이 하늘에서 이룬 것 같이 땅에서도 이루어지이다"**(마 6:10)라고 기도하라고 주님은 말씀하신 것입니다. 하나님 앞에 아름답고 선한 것을 구하면 하나님께서는 반드시 들어주십니다.

"너희 중에 누가 아들이 떡을 달라 하면 돌을 주며 생선을 달라 하면 뱀을 줄 사람이 있겠느냐"(마 7:9-10).

자식이 와서 떡을 달라고 하는데 돌을 주는 부모가 있겠습니까? 그럴 리 없습니다. 또 자식이 생선을 달라 하는데 뱀을 주겠습니까? 그럴 부모는 결코 없습니다. 우리 인간은 근본 악합니다. 인간은 자기 자신을 제일 사랑합니다. 저도 매우 이기적이고 악한 자입니다. 제가 자녀들을 사랑하는 것 같지만 저 자신보다는 덜 사랑합니다. 우리 인간은 다 악하고 이기적입니다. 여러분도 그렇다고 인정합니까? 우리는 아주 이기적이고 고집이 세고 자존심이 강한 존재들입니다. 우리 안에는 모든 악한 것들이 다 들어 있습니다. **"만물보다 거짓되고 심히 부패한 것은 마음이라 누가 능히 이를 알리요**

마는"(렘 17:9)이라고 기록되어 있듯이, 자신이 그렇게 악한지를 아무도 모릅니다. 그런데 사실 우리 모두는 근본적으로 악합니다. 아무리 선한 표정을 짓고 있어도 그 속에는 이기심과 탐욕이 버글버글한 존재가 바로 우리들입니다.

그렇게 악한 우리라도 자녀에게는 좋은 것을 주고자 하는데, 하물며 거룩하고 선하신 하나님께서는 당신의 자녀가 된 우리들에게 온갖 좋은 것을 다 주시지 않겠습니까? 그러므로 우리는 하나님의 뜻에 부합하는 것이면 무엇이든지 마음껏 구해도 됩니다. 우리가 선한 목적으로 쓸 요량이면 필요한 모든 것을 다 구해도 하나님께서는 다 들으시고 넉넉히 베풀어 주십니다. 우주 만물이 다 주님의 것입니다. "주가 쓰시겠다 하라"(마 21:3)고 말씀하시면, 무엇이든지 우리에게 다 허락됩니다. 하나님은 선한 일에 인색하신 분이 아닙니다. 하나님은 선하고 인자하신 분이며 모든 인생들에게 하늘에 속한 은혜를 입혀 주기를 원하십니다. 그런데 우리가 믿음으로 구하지 않는 것이 문제입니다.

우리가 구하고 생각하는 것보다 더 넘치게 주시는 하나님

"우리 가운데서 역사하시는 능력대로 우리의 온갖 구하는 것이나 생각하는 것에 더 넘치도록 능히 하실 이에게 교회 안에서와 그리스도 예수 안에서 영광이 대대로 영원 무궁하기를 원하노라 아멘"(엡 3:20-21).

우리가 하나님의 선하고 의로운 뜻을 마음에 품고 살면 주님은 "우리의 온갖 구하는 것이나 생각하는 것에 더 넘치도록 능히" 베풀어 주십니다. 저는 "복음을 전파하는데 이런 것들이 있었으면 좋겠다"라고 마음만 먹었을 뿐인데, 하나님께서는 항상 제가 생각한 것보다도 더욱더 넘치게 허락하셨습니다. 저는 생각만 했을 뿐이고 미처 기도하지도 못했는데, 하나님께서 응답해 주신 간증들이 무수히 많습니다. 그러니 우리가 믿음으로 구한 것은 하나님께서 반드시 주십니다. 예수님께서는 **"너희가 기도할 때에 무엇이든지 믿고 구하는 것은 다 받으리라"**(마 21:22)고도 약속하셨습니다. 우리가 하나님 앞에서 거리낌 없이 구하는 것들, 즉 우리가 자기의 욕망을 충족하려고 구한 것이 아니라 하나님의 뜻을 좇아 간구한 것들은 하나님께서 반드시 들으십니다. 하나님은 지극히 선하시고 풍족하신 분입니다. 하나님은 우리의 온갖 구하는 것이나 생각하는 것에 더욱 넘치도록 능히 베푸시는 하나님입니다.

하나님의 뜻

"그러므로 무엇이든지 남에게 대접을 받고자 하는 대로 너희도 남을 대접하라 이것이 율법이요 선지자니라"(마 7:12).

"이것이 율법이요 선지자니라"라는 말씀은 "성경 전체가 말씀하는 하나님의 뜻"이라는 의미입니다. 우리가 무엇이든지 남에게 대접을 받고자 하는 그대로 남에게 해 주는 것이 하나님의 뜻입니다. 우리는 하나님과 우리의 관계에 이 말씀을 대입해 봐야 합니다. 하나님께서는 모든 사람이 구원받기를 원하십니다. 하나님께서 제일 간절하게 바라시는 뜻은 모든 사람들이 죄 사함을 받고 하나님의 나라에 들어오는 것입니다. 그러니 우리가 하나님의 뜻을 안다면 그 뜻이 이루어지도록 기도해야 하고 영혼들을 구원하는 일에 우리의 삶을 드려야 할 것입니다.

하나님께서는 먼저 우리의 소원을 다 이루어 주셨습니다. 우리가 값없이 죄에서 해방되어서 하나님의 자녀가 되게 하셨고 영원한 천국의 상속자가 되게 하셨습니다. 하나님 편에서는 우리가 원하는 대로 다 해 주셨습니다. 우리 각자에게는 하늘에 속한 모든 은혜가 충만하게 임했습니다. 이제 우리는 아무 부족함이 없고 더 바랄 것도 없습니다. 이제부터는 우리가 하나님께서 원하시는 대로 우리를 드려서 하나님께서 기뻐하시는 뜻을 이루어 드릴 차례입니다. 이제 우리들이 이 땅에 남아 있는 이유는 **"화목하게 하는 직책"** (고후 5:18)을 충성스럽게 수행하기 위함입니다.

아버지의 뜻을 이루어 드리기 위해서 우리에게 필요한 것들이 많습니다. 무엇보다고 우리는 복음의 일꾼들을 일으켜 달라고 기도해야 합니다. 주님은 제자들을 파견하시면서 **"추수할 것은 많되 일군이 적으니 그러므로 추수하는 주인에게 청하여 추수할 일군들을 보내어 주소서"**(눅 10:2) 하고 기도할 것을 당부하셨습니다. 저도 진리의 원형복음인 **"물과 피의 복음"**을 함께 전파할 일꾼들이 전국에서 그리고 전 세계에서 일어나기를 기도합니다. 우리는 능력도 재력도 없습니다. 복음의 전파를 위해서 우리들은 은사와 건강과 필요한 물질도 구해야 합니다.

주님께서는 당신의 생명까지 내어 주시면서 우리를 죄와 사망에서 구원해 주셨습니다. 주님은 상대방인 우리의 원하는 대로 다 해 주셨습니다. 그러니 이제는 우리가 하나님의 기뻐하시는 뜻대로 주님을 섬겨 드릴 차례입니다. 그런데 우리는 연약하고 부족하기 때문에 우리에게는 많은 기도가 필요합니다. 하나님께서는 우리의 부족이나 연약을 다 채워 주시는 능력의 하나님이십니다. 그리고 주님은 믿음으로 담대히 구하라고 우리에게 격려하십니다: "구하라 그러면 너희에게 주실 것이요 찾으라 그러면 찾을 것이요 문을 두드리라 그러면 너희에게 열릴 것이니 구하는 이마다 얻을 것이요 찾는 이가 찾을 것이요 두드리는 이에게 열릴 것이니라"(마 7:7-8). 하나님의 뜻을 좇는 것이라면 믿음으로 담대히 구해야 합니다. 그러면 하나님께서는 반드시 허락하십니다.

기도해도 얻지 못하는 이유

"너희가 욕심을 내어도 얻지 못하고 살인하며 시기하여도 능히 취하지 못하나니 너희가 다투고 싸우는도다 너희가 얻지 못함은 구하지 아니함이요 구하여도 받지 못함은 정욕으로 쓰려고 잘못 구함이니라"(약 4:2-3).

우리가 얻지 못하는 것은 믿음으로 기도를 하지 않기 때문입니다. 만일 누가 무엇을 달라고 하나님께 간절하게 기도를 드렸는데도 얻지 못했다면, 그것은 자기에게 유익하지도 않은 악한 것을 구했기 때문입니다. 우리는 기도할 때에 자기의 욕망을 좇아 잘못된 것을 구하는 기도는 하지 말아야 합니다. 많은 기독교인들이 자기 욕망을 채우려고 기도하는데 그런 기도는 다 무효입니다.

기독죄인들(Christian-sinners)은 먼저 "**죄 사함으로 말미암는 구원**"(눅 1:77)을 받게 해달라고 기도해야 합니다. "**여호와의 손이 짧아 구원치 못하심도 아니요 귀가 둔하여 듣지 못하심도 아니라 오직 너희 죄악이 너희와 너희 하나님 사이를 내었고 너희 죄가 그 얼굴을 가리워서 너희를 듣지 않으시게 함이니**"(사 59:1-2)라고 말씀하신 바, 하나님은 죄인의 기도를 듣지도 않습니다. 기도는 거듭난 하나님의 자녀들이 자기들의 아버지께 간청하는 것입니다. 거듭나지 못한 죄인들은 사실 기도할 자격조차 없습니다. 아직 거듭나지 못한 사람은 무엇보다도 먼저 자신이 거듭나게 해달라고 기도해야 합니다. 거듭난 의인들은 선한 일을 위해서 무엇이든지 기도할 수 있는데, 거듭난 자라도 악한 동기로 자기의 정욕에 쓰려고 잘못 간구하는 것은 하나님께서 듣지 않으십니다.

믿음으로 구한 것에 대한 확신을 가지라

"그러므로 내가 너희에게 말하노니 무엇이든지 기도하고 구하는 것은 받은 줄로 믿으라 그리하면 너희에게 그대로 되리라"(막 11:24).

자기의 정욕에 쓰려고 간구하는 것이 아니고 오직 하나님의 선한 뜻을 위해서, 즉 하나님의 기뻐하시는 뜻을 위해서 기도한 것이라면, 하나님께서 이미 다 들으셨고 때가 되면 반드시 응답하십니다. 저는 이 약속의 말씀을 확신합니다. 저는 복음 전파를 위해서 이것저것을 허락해 달라고 하나님께 기도를 드렸습니다. 그런 기도들이 저의 욕망을 좇아 구한 것이었더면 저의 마음이 하나님 앞에 담대하지 못했을 것입니다. 그러나 저는 사욕을 품지 않고 하나님의 뜻을 좇고자 했기 때문에 담대하게 간구했고 하나님께서는 언제든지 제게 응답하셨습니다. 저는 지금까지 기도의 응답을 헤아릴 수도 없이 많이 받았습니다. 하나님께서는 제가 **"온갖 구하는 것이나 생각하는 것에 더 넘치도록"**(엡 3:20) 능히 베풀어 주셨습니다. 제가 미처 기도하지도 못했고 생각으로만 품고 있었던 소원들도 그것이 하나님의 영광을 위한 것이었기에 하나님께서는 다 이루어 주셨습니다. 저는 어떤 것이든지 우리가 복음을 섬기는데 합당치 않은 것들은 주께서 막아 주시기를 바라고, 복음을 섬기는데 필요하고 유익한 것들은 다 베풀어 주시기를 기도합니다.

우리는 하나님의 뜻에 합하는 것이라면 무엇이든지 담대하게 구해야 합니다. 그리하면 주께서 반드시 들으십니다. 할렐루야!

말씀을 마쳤습니다.

영생을 얻고 지키기를 힘쓰라

"좁은 문으로 들어가라 멸망으로 인도하는 문은 크고 그 길이 넓어 그리로 들어가는 자가 많고

생명으로 인도하는 문은 좁고 길이 협착하여 찾는 이가 적음이니라

거짓 선지자들을 삼가라 양의 옷을 입고 너희에게 나아오나 속에는 노략질하는 이리라

그의 열매로 그들을 알찌니 가시나무에서 포도를, 또는 엉경퀴에서 무화과를 따겠느냐

이와 같이 좋은 나무마다 아름다운 열매를 맺고 못된 나무가 나쁜 열매를 맺나니

좋은 나무가 나쁜 열매를 맺을 수 없고 못된 나무가 아름다운 열매를 맺을 수 없느니라

아름다운 열매를 맺지 아니하는 나무마다 찍혀 불에 던지우느니라

이러므로 그의 열매로 그들을 알리라

나더러 주여 주여 하는 자마다 천국에 다 들어갈 것이 아니요 다만 하늘에 계신 내 아버지의 뜻대로 행하는 자라야 들어가리라

그 날에 많은 사람이 나더러 이르되 주여 주여 우리가 주의 이름으로 선지자 노릇하며 주의 이름으로 귀신을 쫓아 내며 주의 이름으로 많은 권능을 행치 아니하였나이까 하리니

그때에 내가 저희에게 밝히 말하되 내가 너희를 도무지 알지 못하니 불법을 행하는 자들아 내게서 떠나가라 하리라"(마 7:13-23).

사람에게 있어서 가장 귀한 것은 **천국의 영생**입니다. 우리 모두에게 가장 소중한 것은 영원한 생명입니다. 중국 최초의 황제 진시황(秦始皇)은 죽음을 맛보지 않고 영원한 생명을 누리려고 몸부림쳤습니다. 그래서 그는 삼천 명의 선남선녀를 동방의 섬 영주(瀛州, 지금의 제주도)로 보내서 불로초를 구해 오라고 했습니다. 또 그는 사후의 세계가 있다고 믿어서 산시성(陝西省) 시안 부근에 자기가 죽은 후에 거할 지하 도시를 건설했습니다. 그는 그 지하 도시에 어마어마한 궁전을 짓고 수은(水銀)으로 마르지 않는 강이 흐르게 하였습니다. 그런데 천하를 통일하고 절대권력과 영화를 누렸던 진시황도 죽었습니다. "**죄의 삯은 사망**"(롬 6:23)이라는 진리의 말씀대로 그는 지옥에 갔습니다.

우리의 눈에 보이는 이 세상이 전부가 아닙니다. 눈에 보이지 않는 영원한 세계가 있는데, 그것은 천국과 지옥입니다. 그러므로 누구든지 이 땅에 사는 동안에 영복의 천국에 들어갈 자격을 얻는 것이 가장 소중하고 시급합니다. 그러나 어떤 사람은 돈을 벌려고 일생 동안 발버둥 치고, 어떤 사람은 권력을 잡으려고, 또 어떤 사람은 쾌락만을 좇다가 죽습니다. 우리가 잠시 동안 그런 것들을 얻어서 누린다고 해도, 우리가 죽음 앞에 서면 그것들은 아무것도 아닙니다. 우리에게 가장 귀한 것은 천국의 영원한 생명입니다. 하나님께서 사람만은 하나님의 형상을 따라 영적인 존재로 만드셨기 때문에, 하나님께서 영존(永存)하시는 것처럼 우리의 실체인 영혼은 영원히 삽니다. 다만 우리 각자가 천국에 들어가서 영원히 살 것이냐, 아니면 영원히 살긴 사는데 지옥에 떨어져서 세세토록 고통을 받을 것이냐 하는 것은 각자가 이 땅에 사는 동안에 "**죄 사함으로 말미암는 구원**"(눅 1:77)을 받느냐 아니면 그냥 죄인으로 살다가 죽느냐에 따라 결정이 되는 것입니다.

생명으로 인도하는 문, 멸망으로 인도하는 문

지금 두 개의 영적인 문(門)이 여러분 앞에 놓여 있어서 여러분의 선택을 기다리고 있습니다. 여러분이 "멸망으로 인도하는 문으로 들어갈 것이냐, 아니면 생명으로 인도하는 문으로 들어갈 것이냐" 하는 것은 전적으로 여러분의 선택에 달려 있습니다. **"생명으로 인도하는 문"**(마 7:14)은 진리의 복음입니다. 진리의 복음을 믿는 자는 비록 그 믿음의 길이 좁고 험난해도 끝내는 천국의 영원한 생명에 들어갑니다. 진리의 원형복음이 아닌 **"다른 복음"**(갈 1:6)들이나 이 세상 종교들의 교훈은 **"멸망으로 인도하는 문"**(마 7:13)입니다. 그 문을 열고 들어가면 지옥입니다.

생명으로 들어가는 문은 **"물과 피의 복음"** 딱 하나뿐입니다. 그 문은 좁고 그 길은 험난합니다. 그러나 멸망으로 인도하는 문은 크고 그 길이 넓어 그리로 들어가는 자가 많습니다. 멸망으로 인도하는 "길"은 인간의 생각, 즉 사람이 주창(主唱)한 노선(路線)이나 주의(主義)입니다. 진리의 복음은 사람의 생각과 잘 맞지 않습니다. 그래서 사람들은 자기 생각에 잘 맞는 길을 찾다가 **"다른 복음"**(갈 1:6)들을 만납니다. 사람들의 생각과 잘 맞는 것은 인과응보(因果應報)의 원리입니다. "콩 심은 데 콩 나고 팥 심은 데 팥 난다"— 이 속담은 자연의 원칙에는 맞는 말입니다. 어떤 결과가 있으면 반드시 그에 합당한 원인이 있다는 뜻입니다. 이것이 인간의 생각에 깔려 있는 기본적인 논리(論理)입니다. 인과응보의 원리가 종교나 윤리의 세계에 적용된 것이 바로 권선징악(勸善懲惡)의 신념입니다. 이러한 신념은 "흥부 놀부의 이야기"라든지 "심청전" 같은 전래 동화에도 잘 나타나 있습니다. "지성(至誠)이면 감천(感天)이다"라는 말도 다 인과응보(因果應報)의 원리나 권선징악(勸善懲惡)의 신념에 근거한 속담입니다. 사람이 착하게 살면 하나님께로부터 복을 받고, 악행을 하면 벌을 받는다—이것이 권선징악의 신념인데, 대부분의 기독교인들도 이러한 신념을 가지고 신앙생활을 합니다.

사람들은 자기 생각에 맞는 신앙노선을 찾아갑니다. 사람들은 하나님께로부터 축복과 영생을 얻으려면 죄를 짓지 말고 착하게 살아야 한다고 생각하기 때문에 종교인이 됩니다. 모든 종교는 인간의 의를 추구합니다. 자기의 공로와 의를 쌓아서 신에게 축복을 받고자 하는 자들이 바로 종교인입니다. 사람들은 자기 생각과 맞는 것을 좇아가고 자기 생각과 맞지 않으면 무엇이든지 버립니다. 우리가 옷 하나를 사더라도 가격이나 색상이 자기 생각에 맞아야 사는 거지, 자기 생각에 맞지 않는데 사는 사람은 없습니다. 사람들은 종교생활도 그렇게 합니다. 그래서 자기 생각에 잘 맞는 종교를 택해서 따라갑니다. 어떤 사람은 불교가 자기 생각에 잘 맞고 또 어떤 사람은 천주교가 잘 맞습니다. 어떤 사람은 기독교가 잘 맞는다며 교회에 출석합니다. 그런데 그들의 공통점은 하나같이 착하게 살아서 복을 받으려는 것이며 대부분의 사람들은 그렇게 종교의 노선을 따라갑니다.

그런데 인간의 의를 쌓아서 자기의 공로를 들고 하나님 앞에 나아가면 영생(永生)을 얻을 수 있습니까? 천만의 말씀입니다. 하나님 앞에서 율법의 행위를 잘 해서 구원을 받을 사람은 없습니다. 사람은 죄가 없어야만, 즉 의인이 되어야만 영생을 얻습니다. 그런데 **"사람이 의롭게 되는 것은 율법의 행위에서 난 것이 아니요 오**

직 예수 그리스도를 믿음으로 말미암는 줄 아는 고로 우리도 그리스도 예수를 믿나니 이는 우리가 율법의 행위에서 아니고 그리스도를 믿음으로서 의롭다 함을 얻으려 함이라 율법의 행위로서는 의롭다 함을 얻을 육체가 없느니라"(갈 2:16)고 성경에 기록되어 있습니다. 잠언서에도 "**사람의 행위가 자기 보기에는 모두 깨끗하여도 여호와는 심령을 감찰하시느니라**"(잠 16:2)고 기록되어 있습니다. 우리는 겉으로 깨끗한 척하여도 마음으로는 많은 죄를 짓습니다. 우리는 마음으로 간음하고 마음으로 도둑질하고 마음으로 살인하는 자들이 아닙니까? 그래서 이사야 선지자도 "**대저 우리는 다 부정한 자 같아서 우리의 의는 다 더러운 옷 같으며 우리는 다 쇠패함이 잎사귀 같으므로 우리의 죄악이 바람 같이 우리를 몰아가나이다**"(사 64:6) 하고 탄식했습니다. 인간의 의는 자기의 눈에나 깨끗하고 좋아 보이지 하나님의 눈에는 더러운 누더기 옷과 같습니다.

예수님께서는 천국 영생에 들어가는 비결에 대해서 비유로 말씀하셨습니다. 어느 임금이 자기 아들의 혼인잔치에 손님들을 초대했습니다. 유대인들은 혼인잔치에 참석하려면 주인이 내어 주는 예복(禮服)을 입어야만 합니다. 그런데 잔치에 참여한 어떤 사람은 임금이 내어 준 예복을 입지 않고 자기의 옷을 입은 채로 앉아 있었습니다. 임금님은 그를 발견하고 종들을 불러서 "**그 수족을 결박하여 바깥 어두움에 내어 던지라 거기서 슬피 울며 이를 갊이 있으리라**"(마 22:13)고 명령했습니다. 하나님께서 거저 주시는 의의 옷을 입지 않고 자기의 의를 자랑하려는 자는 지옥에 떨어진다는 경고의 말씀입니다.

또 주님은 "**포도원 품꾼의 비유**"도 들려주셨습니다. 포도원의 주인이 포도원에 일꾼들을 불러들여서 일을 시키고 날이 저물자 그들에게 품삯을 계산해 주었습니다. 그런데 주인은 종들을 시켜서 오후 다섯 시나 되어 포도원에 들어와서 별로 한 것도 없는 자로부터 시작해서 모든 품꾼들에게 한 데나리온씩의 품삯을 주었습니다. 그러자 오전 6시부터 포도원에 들어와서 온종일 땡볕에서 수고한 품꾼들이 "**나중 온 이 사람들은 한 시간만 일하였거늘 저희를 종일 수고와 더위를 견딘 우리와 같게 하였나이다**"(마 20:12) 하고 불평을 쏟아냈습니다. 주인은 "**친구여 내가 네게 잘못한 것이 없노라 네가 나와 한 데나리온의 약속을 하지 아니하였느냐 네 것이나 가지고 가라 나중 온 이 사람에게 너와 같이 주는 것이 내 뜻이니라 내 것을 가지고 내 뜻대로 할 것이 아니냐 내가 선하므로 네가 악하게 보느냐**"(마 20:13-15) 하고 그들을 책망했습니다. 한 데나리온의 품삯은 하나님께서 모든 인생들에게 거저 주시는 구원의 은혜를 계시입니다. 우리의 모든 죄를 덮어 주는 하나님의 의는 전적으로 하나님께서 완성하셔서 우리에게 거저 주시는 선물입니다. 구원의 선물은 우리 편에서 선행을 많이 행하거나 노력을 해서 얻는 것이 아닙니다. 이 구원의 은혜를 먼저 받는 자는 오히려 하나님 앞에 일한 것이 없고 내세울 것이 아무것도 없는 자들입니다.

구원은 전적으로 하나님의 선물입니다

우리의 공로나 의는 하나님의 구원을 받는데 아무짝에도 쓸모가 없습니다. 오히려 "하나님, 저에게는 의로운 것이 전혀 없습니다. 저는 죄 덩어리이며 지옥에 가야 마땅한 자입니다"라고 자기의 악함과 더러움과 거짓됨을 인정하는 자가 제일 먼저 구원을 받습니다. 그러니 하나님께서 우리를 구원하시는 방식이 우리 인간의 생각과는 맞지 않습니다. 그래서 대부분의 사람들은 하나님께서 세워 놓으신 구원의 좁은 문으로 들어가려 하지 않습니다. 대부분의 사람들은 "내가 착하게 살면 천국에 들어가겠지!" 하며 자기 생각에 맞는 종교의 문을 두드립니다. 황무지라도 사람이 많이 다니면 길이 됩니다. 그런 문을 들어선 사람들이 많기에 그 길은 점점 더 넓어집니다. 종교의 세계에서는 각기 믿는 신(神)이 다를지라도 권선징악(勸善懲惡)과 인과응보(因果應報)라는 종교인들의 신념체계(belief system)는 동일하기 때문에 종교간의 화해와 일치(一致)도 어려운 일이 아닙니다.

기독교에서 불후의 명작으로 인정하는 『천로역정』(天路歷程)이라는 책이 있습니다. 존 번연(John Bunyan)이 쓴 소설인데 원제목은 『이 세상에서 장차 올 세상에 이르는 순례자의 길』(The Pilgrim's Progress from this world to that which is to come)입니다. 이 책의 줄거리는 크리스쳔(Christian)이라는 이름의 주인공의 아주 철저한 자기 희생과 고난의 길을 통과해서 구원에 이른다는 이야기입니다. 이러한 스토리는 하나님의 구원과는 거리가 먼 이야기입니다. 그런데 이 책이 그려낸 권선징악(勸善懲惡)과 인과응보(因果應報)의 논리가 종교화된 기독교인들의 생각에 잘 맞습니다. 그래서 기독교인들은 그 책을 가리켜 성경 다음으로 많이 읽힌 불후의 명저라고 칭송하고 있습니다.

죄로부터의 구원, 즉 죄 사함은 전적으로 하나님 편에서 완성하셔서 우리에게 거저 주신 선물입니다. 그리고 자기는 아무 공로도 없고 오직 죄만 지었기 때문에 지옥에 가는 것이 마땅하다고 고백하는 자, 즉 **"심령이 가난한 자"**(마 5:3)라야 천국의 영생을 선물로 받습니다. 베데스다 연못가에 수많은 불구자와 환자들이 있었지만, "하나님 저는 구제불능의 죄인이오니, 다만 저를 불쌍히 여겨 주십시오" 하며 자포자기하고 오직 하나님의 구원만을 간구했던 38년 된 환자만이 예수님을 만나서 치유를 받았습니다. "나는 얼마든지 1등으로 저 연못에 들어갈 수 있어!" 하고 의지를 불태웠던 환자와 불구자들의 안중(眼中)에는 예수님이 보일 리 없었습니다.

자신의 노력이나 희생이나 공로와 상관없이 하나님의 전적인 선물로 구원을 받는다는 것은 대부분의 기독교인들의 생각과 맞지 않습니다. 그들은 "우리가 영생에 들어가려면 죄를 짓지 않으려고 노력하며 희생과 봉사를 많이 해야 한다"라고 생각합니다. 그래서 새벽예배를 통해서 회개 기도를 열심히 하고 십일조 등 헌금을 많이 드리고 남을 위해서 희생봉사하며 또 자신의 성화에도 힘을 써야 한다고 그들은 믿습니다. 그들에게는 주일성수(主日聖守)도 중요합니다. "주일예배에 한 번 빠지면 천국으로 올라가는 사다리의 가로 대 하나가 빠지는 것이니 알아서 하세요!"—어떤 설교자는 그렇게 신자들에게 겁을 줍니다. 천만의 말씀입니다. 천국 영생은 인간의 의와 상관없이 오직 믿음으로 얻는 하나님의 선물입니다. 우리는 자기가 지옥에 가야 할 죄인임을 인정하고 하나님이 베푸신 완전한 구원의 의를 믿음으로 옷 입을 때에 **"죄 사함으로 말미암는 구원"**(눅 1:77)을 받고 영생을 얻게 됩니다.

거듭난 의인들은 희귀합니다

"생명으로 인도하는 문은 좁고 길이 **협착하여** 찾는 이가 적음이니라"(마 7:14). 자기 생각을 부인하고 오직 하나님의 의를 믿음으로 죄 사함을 받아서 영생을 얻는 사람은 아주 적습니다. "나 여호와가 말하노라 배역한 자식들아 돌아오라 나는 너희 남편임이니라 내가 너희를 성읍에서 하나와 족속 중에서 둘을 택하여 시온으로 데려오겠고 내가 또 내 마음에 합하는 목자를 너희에게 주리니 그들이 지식과 명철로 너희를 양육하리라"(렘 3:14-15)고 예레미아서에 기록되어 있습니다. 큰 도시에서 한 명, 한 민족에서 두 명 정도의 소수만이 구원을 받고 하나님의 교회와 연합해서 자기들이 선물로 얻은 구원의 은총을 생명처럼 지킴으로 영생에 들어갑니다. 시온(Zion) 즉 하나님의 교회에는 하나님의 뜻을 좇는 하나님의 종이 있어서 거듭난 성도들을 지식과 명철로 양육합니다.

"하나님께서 그렇게 소수만을 구원하시는 편협하신 분이냐? 구원을 받은 자의 수가 그렇게 적다는 말이냐?" 하고 반문하는 분들이 많습니다. "**하나님은 모든 사람이 구원을 받으며 진리를 아는데 이르기를 원하시느니라**"(딤전 2:4)고 말씀하셨습니다. 하나님께서는 당신의 외아들인 예수님을 전 인류의 대속 제물로 보내주셨고, 예수님은 "**물과 피로 임**"(요일 5:6)하셔서 모든 사람의 죄를 완벽하게 대속해 주셨습니다. 이와 같이 자신의 몸을 "**한 영원한 제사**"(히 10:12)로 드려서 모든 사람이 다 구원을 얻도록 완전한 은총을 베풀어 주셨건만, 사람들은 자기 생각에 잘 맞지 않는다고 하나님의 선물을 거부하고 있습니다. 그리고 그들은 자기 생각에 맞는 길을 따라갑니다. 그래서 대부분의 사람들은 무신론을 좇으며 그 나머지는 종교인의 길을 가고 있습니다. 많은 바리새인들도 예수님을 찾아왔었습니다마는 예수님의 말씀을 들어보고는 자기 생각과는 맞지 않는다고 예수님을 떠나갔습니다. 그런데 아주 소수의 사람들, 즉 창녀나 세리나 병자들은 자기들이 아무 공로가 없고 오직 죄만 지었다고 고백하고 예수님을 믿었습니다. 그들은 오직 주님께서 베푸신 은혜가 아니면 구원을 받을 수 없다고 믿었기에 예수님을 따라갔습니다. 그리고 그렇게 심령이 가난한 자들이 영생을 얻었습니다. 사람들이 자기들의 생각과 맞지 않는다고 하나님께서 거저 주시는 구원의 선물을 받지 않고 지옥에 가는 것은 전적으로 자기들의 책임입니다.

거짓 선지자들을 주의하라

우리는 거짓 선지자들을 경계해야 합니다. 믿음으로 구원을 얻은 사람이라도 거짓 선지자를 삼가지 않으면 얻었던 소중한 생명을 잃어버립니다. 거짓 선지자들은 양의 탈을 쓰고 있지만 그들의 본색(本色)은 양을 잡아먹는 늑대입니다. 늑대가 양들을 잘 돌봐주겠습니까? 양들을 위해서 자기의 생명을 바치겠습니까? 천만의 말씀입니다. 양은 늑대의 밥입니다. 하나님 말씀으로 식별해 보면 오늘날 자칭 하나님의 종이라는 자들 중에는 태반이 거짓 선지자들이고 영적(靈的) 늑대들입니다. 그들은 영혼들에게 양의 탈을 쓰고 접근합니다. 그들의 표정과 언행은 참으로 온순하고 점잖습니다. 외모와 언행은 천사인데 그들의 본색은 늑대입니다. 그들이 목회를 하는 데에는 숨겨진 목적이 있습니다. 맹수가 먹잇감에 다가갈 때에 발톱을 감추고 조심스럽게 다가가듯이, 거짓 선지자들은 "저놈들을 어떻게 잡아먹나? 저놈들의 돈을 어떻게 뽑아 먹나?" 하는 간절한 목적을 숨기고 자기들이 가장 영혼들을 사랑하고 하나님의 뜻을 가장 잘 섬기는 자들인 것처럼 위장을 합니다. 그러나 소위 성공한 목회자라고 칭송을 받는 자들의 결국(열매)를 보십시오. 자기 교인들의 숫자를 늘리고 신자들의 주머니에서 돈을 많이 긁어내서 초대형 예배당을 짓고 그런 종교의 왕국에서 그들은 왕 노릇을 합니다. 그리고 자기 자식에게 왕권을 물려주는 경우도 많지 않습니까? 그들은 자기도 결국 지옥에 가지만 수많은 영혼들도 다 지옥으로 끌고 가는 마귀의 종들입니다.

거짓 선지자들의 열매

거짓 선지자의 외모는 양처럼 온순한 척하지만 속은 노략질하는 이리입니다. 그래서 우리는 껍데기만 보고 그들을 판단하지 말아야 합니다. 예수님께서는 **"그의 열매로 그들을 알찌니"**(마 7:16)라고 말씀하셨습니다. 여호수아의 아들 요담은 세겜 사람들에게 **"가시나무의 비유"**(삿 9:8-20)를 들려주어서 아비멜렉을 좇으려던 백성들을 경계시켰습니다. 예수님도 당신을 가리켜서 **"나는 포도나무요 너희는 가지니"**라고 말씀하셨고, 또 예수님께서 어떤 소경의 눈에 안수해서 그의 눈을 뜨게 해 주셨는데, 예수께서 그에게 "뭐가 보이느냐"라고 물으시자 그는 **"사람들이 보이나이다 나무 같은 것들의 걸어가는 것을 보나이다"**(막 8:24)라고 대답했습니다. 이와 같이 나무는 비유적으로 사람을 지칭합니다.

어떤 나무가 무슨 나무인지는 그 열매로 압니다. 저희 집 정원에도 여러 종류의 나무들이 있습니다. 매화나무, 포도나무, 감나무, 사과나무, 돌배나무, 병솔나무, 그리고 벚나무도 있습니다. 사과나무와 배나무는 잎이 비슷해서 구별이 잘 안됩니다. 그런데 그 나무들에 열매가 맺히면 그것들이 무슨 나무인지를 확실히 알 수 있습니다. 매실이 제일 먼저 달립니다. 매실은 4,5월만 되면 노랗게 익습니다. 포도나무는 잎과 덩굴이 특이해서 금방 알 수 있지만, 사실 머루나무의 잎과 덩굴도 포도나무와 비슷하기 때문에 열매가 달려봐야 수종(樹種)을 정확히 알 수 있습니다. 좋은 나무는 좋은 열매를 맺고 나쁜 나무는 나쁜 열매를 맺습니다. 가시나무에서는 가시만 나오고 포도나무라야 포도를 맺습니다. "열매를 보아 나무를 안다"라는 말씀은 진리입니다.

선지자를 분별할 때에도 그들의 열매를 보아서 그들을 분별하는데, 여기에서 열매란 첫째로 그들의 제자를 지칭합니다. 어떤 사람이 양육하고 배출한 제자들이 거듭난 자들인지 아니면 아직 거듭나지 못한 기독죄인들(Christian-sinners)인지를 분별해 보면, 그 사람이 하나님 종인지 거짓 선지자인지를 정확하게 알 수 있습니다. 참 선지자는 **"물과 성령으로 거듭나서"**(요 3:5) 하나님의 일꾼으로 부르심을 받은 자입니다. 그런데 거듭나지도 못한 자들이 자칭 "나는 하나님 종입네, 독일의 유명한 신학대학에서 신학박사를 땄다네" 하면서 사기를 치는 자들이 많습니다. 하나님 종, 즉 참 선지자는 신학박사 학위를 얻었다고 되는 것도 아니고 각 교단이 정한 규례대로 목사 시험에 합격하고 교단의 목사들로부터 안수를 받았다고 되는 것도 아닙니다. 참 선지자는 하나님의 말씀으로 거듭나서, 성령의 기름 부으심을 받고 전적으로 하나님과 마음을 연합한 자입니다.

이와 같이 참 선지자의 가장 중요한 요건은 그가 **"물과 성령으로"** 거듭났느냐는 것입니다. **"물과 피로 임하신"**(요일 5:6) 예수 그리스도를 믿음으로 죄 사함을 받고 성령님이 그의 마음에 임하셔서 하나님과 마음을 연합함으로 성령님의 인도를 받는 자가 참 선지자입니다. 그런데 거듭나지도 못한 자들이, 즉 마음에 죄가 그대로 있는 죄인들이, 자칭 "하나님 종"이라고 설쳐대고 있습니다. 그런 자들이 거짓 선지자입니다. 자기도 거듭나지 못한 주제에 어떻게 자기 제자들을 거듭나게 인도해 줄 수 있겠습니까? 그것은 소경이 소경을 인도하는 꼴이며, 둘 다 구덩이(지옥)에 빠질 수밖에 없습니다. 이와 같이 **"열매를 보아 나무를 안다"**라는 말씀에서 "열매"는 첫째로 제자를 의미합니다. 어떤 사람의 제자들을 영적으로 분별해 보면 그들의 스승이 하나님 종인지, 아니면 거짓 선지자인지를 정확히 알 수 있습니다.

여러분은 신학교의 교수들이라고 해서 거듭난 줄 압니까? 그들은 대체로 진리의 원형복음이 무엇인지도 모릅니다. 그래서 그들의 마음에는 죄가 그대로 남아 있고, 그들은 날마다 회개 기도를 드릴 수밖에 없습니다. 마음에 죄가 있는 죄인은 거듭난 자가 아닙니다. 거듭난 자는 의인입니다. 하나님의 백성은 믿음으로 죄 사함을 받아서 죄가 전혀 없습니다. **"너희 죄가 주홍 같을찌라도 눈과 같이 희어질 것이요 진홍 같이 붉을찌라도 양털 같이 되리라"**(사 1:18)는 말씀이 이루어진 자들이 바로 거듭난 의인들입니다. 열매를 보아 나무를 안다고 하셨는데, 어떤 사람이 죄인(罪人)인 제자들을 배출했다면 그는 거듭난 자가 아니며 거짓 선지자에 불과합니다. 반대로 어떤 사역자가 의인(義人)인 제자들을 배출하면 그는 거듭난 하나님의 종이며 참 선지자입니다.

거듭난 의인들에게 맺히는 영적 열매들

열매는 두 번째로 사람의 성품과 행위를 지칭합니다. 거듭난 자에게서는 성령의 열매가 맺히지만 거듭나지 못한 자에게는 육체의 열매만 맺힙니다.

"오직 성령의 열매는 사랑과 희락과 화평과 오래 참음과 자비와 양선과 충성과 온유와 절제니 이 같은 것을 금지할 법이 없느니라"(갈 5:22-23). 거듭난 자의 마음에는 성령님이 계시기 때문에 성령께서 그에게 아름다운 열매들을 맺게 하십니다. 사랑과 희락과 화평과 오래 참음과 자비와 양선과 충성과 온유와 절제—이것들은 다 아름답고 선한 덕성(德性)들입니다. 사랑이 얼마나 아름답습니까? 여기에서 말씀하시는 사랑은 "물과 피의 복음" 안에 담긴 하나님의 사랑이며 "진리의 사랑"(살후 2:10)입니다. 희락은 기쁨입니다. 거듭난 자는 항상 기뻐합니다. 거듭난 자는 이 땅의 것들에 집착을 하지 않기 때문에, 그리고 자기가 천국에 들어간다는 소망이 있기 때문에 항상 기뻐합니다. 이 모든 아름다운 덕성(德性)들은 성령으로 말미암아 거듭난 의인들에게 맺히는 귀한 열매들입니다. 거듭난 성도(聖徒)들은 어떤 어려움 중에도 하나님을 믿고 오래 참습니다. 그들은 다른 사람들을 관용으로 인내합니다. 그들은 자신이 어떤 상태에서 구원받았는지를 잘 알고 있기 때문에 다른 영혼의 구원을 위해서 그토록 아름다운 열매들을 맺습니다. 그러나 육체의 열매는 "음행과 더러운 것과 호색과 우상 숭배와 술수와 원수를 맺는 것과 분쟁과 시기와 분냄과 당 짓는 것과 분리함과 이단과 투기와 술 취함과 방탕함과 또 그와 같은 것들이라"(갈 5:19-21)고 말씀하셨습니다. 거듭나지 못한 자들은 이러한 열매만 맺습니다.

그러므로 어떤 사람이 하나님 종인지 아니면 거짓 선지자인지를 분별하려면, 첫째로 그의 제자들을 보면 알 수 있고, 둘째로는 그에게서 맺히는 삶의 열매를 보면 알 수 있습니다. 사실 거짓 선지자들은 잠시 외식과 계략으로 선한 척을 할 수 있지만, 결국은 늑대의 이빨과 발톱을 드러내게 되어 있습니다. 유명하다는 목회자 중에서 그들이 끝내 재산 문제나 여자 문제로 하나님을 욕되게 한 자들이 얼마나 많습니까? 그런 추문들이 연일 신문에 등장하고 있으니, 이제는 믿지 않는 자들이 기독교를 "개독교"라고 비난해도 믿는 우리들은 유구무언(有口無言)일 수밖에 없는 안타까운 처지가 되지 않았습니까? 거짓 선지자들은 자기들이 거듭났다고 주장하지만 그들에게서는 흉악하고 악취나는 육체의 열매만 맺힙니다. 그들은 신자들의 가정을 파괴하고 영혼들을 영적으로 죽이고 있습니다. 그들은 거듭난 자가 아니며 거듭난 척을 하는 사기꾼들입니다. 그들에게 한번 물어보십시오: "목사님, 요한복음 3장에는 예수님께서 니고데모에게 '사람이 물과 성령으로 거듭나야 하나님의 나라에 들어갈 수 있다'라고 말씀하셨는데, 그 말씀에서 '거듭난다'라는 것이 무슨 뜻이며 사람이 어떻게 거듭날 수 있습니까?" 아마도 그런 질문을 받은 목사는 얼굴이 사색(死色)이 되어 땀을 뻘뻘 흘리며 횡설수설할 것입니다.

우리가 영생을 어떻게 얻습니까? 영생에 이르는 구원은 자기의 생각을 부인하고 하나님께서 진리의 복음으로 세워 놓으신 좁은 문을 믿음으로 열고 들어갈 때에 얻는 것입니다. 인과응보(因果應報)의 원리에 기초한 인간의 생각을 부인하지 않으면 누구도 구원을 얻지 못합니다. 자기의 생각을 좇는 사람은 많은 사람이 다니는 넓은 길로 가서 멸망에 이릅니다. 갓 거듭난 의인들은 거짓 선지자를 더욱더 경계해야 합니다. 어떤 이가 진리의 원형복음(原形福音)을 믿음으로 천국의 영원한 생명을 얻었다고 해도 거짓 선지자들을 구분하지 못하고 그를 따라가면 다시 멸망을 당합니다. 양이 이리를 참된 목자인 줄 알고 따라가면 그 이리의 밥이 되지 않겠습니까?

그런 거짓 선지자들은 그들의 열매를 보아서 분별하고 경계할 수 있습니다. 우리는 첫째로 어떤 이의 제자들을 볼 때에, 또 그 사람이 맺는 삶의 열매를 봐서도 그가 참 선지자인지 아니면 거짓 선지자인지를 정확히 알 수 있습니다.

말씀을 마쳤습니다.

"불법을 행하는 자"란 누구인가?

"나더러 주여 주여 하는 자마다 천국에 다 들어갈 것이 아니요 다만 하늘에 계신 내 아버지의 뜻대로 행하는 자라야 들어가리라

그 날에 많은 사람이 나더러 이르되 주여 주여 우리가 주의 이름으로 선지자 노릇하며 주의 이름으로 귀신을 쫓아 내며 주의 이름으로 많은 권능을 행치 아니하였나이까 하리니

그때에 내가 저희에게 밝히 말하되 내가 너희를 도무지 알지 못하니 불법을 행하는 자들아 내게서 떠나가라 하리라

그러므로 누구든지 나의 이 말을 듣고 행하는 자는 그 집을 반석 위에 지은 지혜로운 사람 같으리니

비가 내리고 창수가 나고 바람이 불어 그 집에 부딪히되 무너지지 아니하나니 이는 주초를 반석 위에 놓은 연고요

나의 이 말을 듣고 행치 아니하는 자는 그 집을 모래 위에 지은 어리석은 사람 같으리니

비가 내리고 창수가 나고 바람이 불어 그 집에 부딪히매 무너져 그 무너짐이 심하니라

예수께서 이 말씀을 마치시매 무리들이 그 가르치심에 놀래니

이는 그 가르치시는 것이 권세 있는 자와 같고 저희 서기관들과 같지 아니함일러라"(마 7:21-29).

예수님을 믿는 사람들이 **"주여 주여"** 한다고 다 천국에 들어가는 것이 아닙니다. 죄 사함을 받고 거듭난 의인들만 천국의 영생에 들어갑니다. 이 진리의 말씀 앞에서 어떤 이들은 " 주님께서 '**누구든지 주의 이름을 부르는 자는 구원을 얻으리라**'(롬 10:13)고 말씀

하지 않았느냐?"라고 항변(抗辯)할 수 있습니다. 그러나 **"주의 이름"**의 뜻이 무엇인지조차 모르면서 건성으로 **"주여 주여"** 하는 것은 아무 소용이 없습니다. 구원자(the Savior)이신 예수님의 이름에 담긴 구원의 역사를 믿고 고백하는 자는 구원을 얻습니다. 그러나 주님께서 **"물과 피로 임"(요일 5:6)**하셔서 이루신 **하나님의 의**를 알지도 못하고 또는 가르쳐 주어도 믿지 않는 사람들이 많습니다. 그런 이들이 **"주여 주여"** 한다고 **"죄 사함으로 말미암는 구원"(눅 1:77)**을 받는 것은 절대 아닙니다. 그러므로 **"주여 주여"** 한다고 다 천국에 가는 것은 아니고, 그중에서 제대로 믿어서 거듭난 의인들만 천국의 영생에 들어갑니다.

예수님을 믿기는 믿는데 **"불법을 행하는 자들,"** 즉 하나님께서 베풀어 주신 구원의 법이 아닌 다른 방법으로 구원을 얻고자 하는 자들은 천국의 영생에 들어가지 못합니다. 주께서 그런 자들을 내치실 때에 그들은 **"주여 주여 우리가 주의 이름으로 선지자 노릇하며 주의 이름으로 귀신을 쫓아 내며 주의 이름으로 많은 권능을 행치 아니하였나이까"(마 7:22)** 하고 격렬히 항변할 것입니다. 자기들은 목사와 선교사로 주님께 평생을 바쳤고, 성령의 능력으로 귀신을 쫓아내기도 했으며 많은 기적과 권능을 행했는데, 왜 주님은 수많은 기독교인들에게 칭송을 받았던 자기들에게 **"불법을 행하는 자들아 내게서 떠나가라"**라고 청천벽력 같은 심판의 말씀을 하시느냐는 것입니다.

그렇다면 **"불법을 행하는 자"**는 어떤 자입니까? 사람은 자기가 베푼 선행이나 업적으로 구원을 얻는 것이 아닙니다. 구원은 전적으로 하나님의 선물입니다. 구원은 하나님께서 당신의 외아들 예수 그리스도를 육신으로 우리에게 보내 주셔서 이루어 주신 **"하나님**

의 의"(롬 1:17)를 믿음으로 얻는 하나님의 선물입니다. 그것이 합당한 구원의 법입니다. 따라서 하나님께서 정하신 구원의 법을 따르지 않고 자기의 공로와 업적으로 구원을 얻으려는 자들이 바로 **"불법을 행하는 자들"**입니다. 그들은 하늘에 계신 아버지의 뜻대로 행하지 않는 자들입니다.

아버지의 뜻대로 행하는 자

"내가 무엇을 하여야 영생을 얻으리이까?"(눅 10:25) 하고 예수님에게 물었던 율법사처럼, 대부분의 사람들은 율법을 잘 지키고 선행을 많이 해야만 영생을 얻는 줄로 생각합니다. 그러나 아버지는 모든 죄인들이 회개하고 하나님 아버지께서 당신의 아들을 육신으로 보내 주셔서 완성해 주신 **"하나님의 의"(롬 1:17)**를 믿음으로 구원을 얻게 하셨습니다. 마음에 죄가 있으면 결코 천국에 들어갈 수 없습니다. 우리가 선행을 하고 성화(聖化)에 힘쓴다고 마음의 죄가 없어집니까? 그러므로 우리의 공로나 선행으로는 결코 구원을 얻을 수 없습니다. 영생은 우리가 예수 그리스도 안에 있는 구원의 은총을 온전히 믿을 때에 우리에게 주어지는 하나님의 선물입니다. 지옥에 갈 수밖에 없는 우리가 하나님 편에서 일방적으로 완성하신 구원의 복음을 믿음으로 죄 사함을 받아 거룩한 하나님의 자녀가 되게 하는 그것이 바로 아버지의 뜻입니다. 누구든지 자기가 지옥에 가야 할 죄인이라는 사실을 인정하고 성자(聖子) 하나님이신 예수 그리스도께서 **"물과 피로 임"(요일 5:6)**하셔서 완성하신 진리의 원형복음을 믿으면 죄 사함을 받고 거듭날 수 있습니다. 그렇게 믿음으로 거듭나서 복음의 진리를 지키며 전파하는 자가 바로 **"하나님의 뜻대로 행하는 자"**입니다.

그러나 안타깝게도 대부분의 기독교인들은 **"불법을 행하는 자들"**로 남아 있습니다. 대부분의 사람들은 인과응보의 법칙을 믿고, 권선징악의 교훈을 좇아 신앙생활을 합니다. 그들은 하나님이 우리에게 전적인 선물로 주시는 구원의 법을 거부하고 자기들의 생각을 좇아서 넓은 길로 가는 자들입니다. 멸망으로 인도하는 문은 크고 그 길이 넓어서 그리로 가는 자가 많습니다. "우리가 하나님께 충성하고 선행과 희생을 많이 했고 또 주의 이름으로 많은 권능을 행했는데, 설마 하나님께서 우리를 몰라라 하시겠는가?"—이것이 인과응보의 원리에 바탕을 둔 인간의 생각인데, 많은 사람들이 이처럼 종교의 노선(路線)으로 하나님께 나아가기 때문에 그 길은 넓습니다. 그러나 "설마가 사람 잡는다"라는 격언처럼, 그러한 길로 행하는 자들이 바로 **"불법을 행하는 자들"**입니다.

많은 권능을 행했다고 하나님의 종인가?

요즘 박○○라고 하는 젊은 TV 탤런트가 SNS를 통해서 자기가 출석하는 교회의 홍보 글을 게시했다가 논란이 되었습니다. 그가 출석하는 교회는 소위 귀신론(鬼神論)을 주장하는 이○○ 목사가 인도하는 모임인데, 이 목사는 사람의 모든 질병과 장애는 귀신으로 인해서 나타나는 증상이므로 귀신을 쫓아내면 사람의 질병과 장애는 완전히 고쳐진다고 주장합니다. 박모라는 탤런트도 어려서 중병에 걸렸었는데, 그의 부친이 그를 이 목사에게로 데려가서 안수기도를 받고 기적적으로 치유되었다고 간증하였습니다. 저도 그 교회의 홈페이지를 방문해 보았더니, 이○○ 목사가 귀신을 쫓아내는 안수기도로 이적을 일으켰다는 동영상이 여러 개 있었습니다. 또 치유를 받고 일어선 신자가 간증을 하자, 신도들이 집단적으로 열광하는 장면도 있었습니다. 물론 귀신도 실재(實在)하며 그들도 어두움의 능력으로 역사합니다. 그러나 모든 질병과 장애가 다 귀신의 역사는 아닙니다. 그리고 귀신을 쫓아내는 능력이 다 성령의 역사도 아닙니다. "짜고 치는 고스톱"이라는 말처럼, 귀신들은 완벽한 세트 플레이(Set play)를 구사해서 사람들을 얼마든지 현혹시킬 수 있습니다.

"**죄의 삯은 사망**"(롬 6:23)입니다. 아무리 많은 이적을 베풀고 귀신을 쫓아냈어도 마음에 죄가 있으면 그 사람은 지옥에 가야 합니다. "**죄 사함으로 말미암는 구원**"(눅 1:77)을 받지 못한 자는 주님의 심판을 받고 지옥 불에 들어가는 것이 마땅합니다. 심판대 앞에 선 죄인들이 "**주여 주여 우리가 주의 이름으로 선지자 노릇하며 주의 이름으로 귀신을 쫓아내며 주의 이름으로 많은 권능을 행치 아니하였나이까**" 하고 아무리 항변을 해도 아무 소용이 없습니다. 당신은 방언을 하며 환상을 보며 귀신을 쫓아내는 권능이 있습니까? 하지만 당신의 마음에는 아직도 죄가 그대로 남아 있어서 날마다 회개 기도를 드리고 있습니까? 그렇다면 당신은 진리를 좇아 예수 그리스도를 만난 사람이 아니며 "**불법을 행하는 자**"에 불과합니다. 당신은 자신이 지옥에 가야 할 죄인인 것을 인정하고 진리의 원형복음(原形福音)을 믿음으로 거듭나야 합니다.

주님의 말씀을 듣고 행하는 자와
듣고 행하지 않는 자

주님께서는 우리에게 구원의 도를 소상히 말씀해 주셨습니다. "너희들 스스로는 도저히 구원에 이를 수 없다. 그러니 스스로 자기가 죄 덩어리여서 지옥에 가야 할 자임을 인정하고, 내가 너희들에게 베푼 **물과 피의 복음**을 믿음으로 죄 사함을 받아야 한다. 그런 자가 나의 말씀을 듣고 행하는 자이니라"라고 주님은 우리에게 간곡히 권면하십니다. 주님의 간곡한 권면의 말씀 앞에서 그 말씀을 **"듣고 행하는 자"**(마 7:24)와 **"듣고 행치 아니하는 자"**(마 7:26)가 나뉩니다. 주님의 진리의 말씀을 듣고서도 "그래도 우리가 구원을 받으려면 선행을 많이 해야 되지 않겠나?" 하며 자기 생각을 따라가는 자들이 많습니다.

진리의 복음을 어린아이와 같이 순수하게 믿으면 하나님의 말씀을 믿고 따라가게 되어 있습니다. 온전한 믿음에는 행함이 따릅니다. "맞습니다, 주님! 저는 날마다 죄를 지을 수밖에 없는 죄 덩어리이며, 저 스스로는 도저히 죄를 벗어버릴 수도 없어서 지옥에 가야 마땅한 자입니다. 그런데 주님께서 육신을 입고 이 땅에 오셔서 인류의 대표자인 세례 요한에게 안수의 형식으로 세례를 받아 주심으로 우리 인류의 모든 죄를 단번에 넘겨받으시고 십자가에서 대속의 피를 흘려 주셔서 우리를 온전히 구원하셨습니다. 주님께서 물과 피로 임하셔서 우리 인류를 완벽하게 구원하신 **한 영원한 제사**를 드려 주셨습니다. 저는 이 진리의 복음을 믿습니다!" 하고 믿음을 고백하는 사람은 **"죄 사함으로 말미암는 구원"**(눅 1:77)을 받습니다. 그렇게 믿음으로 거듭난 자는 예수님께서 **"물과 피로 임**

(요일 5:6)하셔서 우리는 모든 죄에서 온전히 구원하셨다는 복음의 말씀을 감사함으로 믿고 그 믿음을 좇아갑니다.

온전한 믿음에는 행위가 따르게 되어 있습니다. 온전한 믿음은 행함과 함께 역사합니다. 어느 사채업자가 나에게 와서, "당신이 오늘 나에게 백만 원을 맡기면 내가 내일 이백만 원 주겠소"라고 제안한다면 저는 그의 말을 믿지 않기 때문에 제 돈을 절대로 그에게 맡기지 않습니다. 그런데 경제통상부 장관이 TV에 나와서 "국가에서 급히 백억 원의 돈이 필요한데 누구든지 1인당 백만 원씩 아무 시중은행으로 가지고 와서 국가가 발행한 채권을 사면, 선착순으로 만 명에게 내일 이백만 원씩을 갚아 주겠다"라고 광고를 했다고 가정합시다. 그러면 저부터도 돈을 찾아 들고 뛸 것입니다. 백만 원을 맡기면 내일 이백만 원을 준다는데 안 뛰겠어요? 경제통상부 장관이 TV에 직접 나와서 광고를 했는데 사람들이 믿지 않겠습니까? 이와 같이 큰 확신으로 믿으면 행함은 저절로 따르게 되어 있습니다. 그래서 성경은 **"영혼 없는 몸이 죽은 것같이 행함이 없는 믿음은 죽은 것이니라"**(약 2:26)고 말씀합니다.

따라서 **"듣고 행치 않는 자"**란 하나님의 말씀을 온전히 믿지 않는 자입니다. 진리의 복음을 듣고도 자기 생각을 따라가는 자들이 참으로 많습니다. 오늘날의 기독교인들은 입술로는 "오직 예수 그리스도의 보혈로 우리가 죄 사함을 받았다"라고 고백합니다. 그러나 그들은 죄 사함에 대한 확신이 없어서, 구원을 받으려고 여전히 선한 행동과 회개 기도와 성화(聖化)에 힘쓰고 있습니다. 그들은 마음에 여전히 죄가 쌓여 있으면서도 진리의 복음을 들으려고도 하지 않고 혹시 듣는다고 하더라도 자기가 알고 있는 복음과 다르다고 배척합니다.

그러나 진리의 복음 말씀을 듣고 행하는 자들이 있습니다. 그들은 거듭난 의인들입니다. 거듭난 자들은 하나님께서 우리에게 주신 구원의 복음을 진정으로 믿고 좇습니다. 주님께서는 그런 이들을 **"반석 위에 집을 지은 지혜로운 사람"**들이라고 부르십니다. 하나님 말씀은 반석(盤石)입니다. 지혜로운 사람은 영원히 변하지 않는 하나님의 말씀을 그대로 믿고 그 반석 위에 자기의 믿음의 집을 짓습니다. 그런데 **"듣고 행치 아니하는 자"**는 하나님의 말씀을 듣고서 온전히 믿지 않는 자입니다. 그런 사람은 **"마치 모래 위에 집을 짓는 어리석은 자와 같다"**라고 주님은 말씀하셨습니다. 성경에서 모래나 땅은 인간의 생각을 지칭합니다. 대부분의 사람들은 하나님 말씀을 듣고서도 여전히 자기의 생각 위에 자기의 선행으로 종교의 집을 짓습니다. 그렇기 때문에 그들은 여전히 행위 중심으로 신앙생활을 합니다.

주님은 **"너희는 먼저 그의 나라와 그의 의를 구하라 그리하면 이 모든 것을 너희에게 더하시리라"**(마 6:33)고 말씀하셨습니다. 저는 이 말씀을 믿습니다. 그래서 저는 할 수만 있으면 **"먼저"** 하나님의 나라와 그의 의를 추구합니다. 저도 가끔 육신적인 염려에 빠질 때가 있습니다. 하지만 "에이, 내가 왜 이런 염려를 하고 있나? 먼저 그의 나라와 그의 의를 구하면 하나님께서 나의 모든 필요를 채워 주실 터인데!" 하고 제 마음을 돌이킵니다. 하나님께서는 지금까지 약속의 말씀대로 다 채워 주셨을 뿐만 아니라 **"우리의 온갖 구하는 것이나 생각하는 것에 더 넘치도록 능히"**(엡 3:20) 베풀어 주셨습니다. 제가 믿음을 좇아 듣고 행하는 자가 된 후로 하나님께서 저에게 베풀어 주신 은혜의 간증은 헤아릴 수 없을 정도로 많습니다.

말씀을 듣고 믿음으로 행하는 자는 무너지지 않습니다. 비가 오고 창수(漲水)가 나는 환란의 때에 큰 시련이 덮어 와도 믿음으로 살았던 사람은 견고하고 흔들리지 않아서 영원한 생명에 넉넉히 들어갑니다. 그러나 믿음으로 행하지 아니하는 자들, 즉 말씀을 들었지만 여전히 자기 생각을 따라갔던 자들의 믿음은 비가 오고 창수가 나면 쉽게 무너져 버립니다. 그들은 환란의 때에 그나마 알량했던 한 줌의 믿음조차 내버리고 사단 마귀의 종이 될 것입니다. 그래서 결국 그들의 종착역은 지옥입니다.

하나님의 말씀을 듣고 행하는 자는 복이 있습니다

하나님의 말씀을 "듣고 행하는 자"는 복이 있습니다. 하나님의 말씀을 듣고 마음에 진정으로 믿는다면, 믿는 그대로 준행하게 되어 있습니다. 주님의 말씀은 진리요 생명입니다. 그렇기 때문에 권위가 있습니다. **"예수께서 이 말씀을 마치시매 무리들이 그 가르치심에 놀래니 이는 그 가르치시는 것이 권세 있는 자와 같고 저희 서기관들과 같지 아니함일러라"**(마 7:28-29). 서기관이나 바리새인들은 당시에 이스라엘 백성의 선생들이었습니다. 그런 선생들도 자기들 나름대로는 성경을 부지런히 연구하고 외워서 백성들을 가르쳤지만, 그들에게는 권세(權勢, authority)가 없었습니다. 왜 그렇습니까? 그들은 하나님의 말씀에 자기의 생각을 섞어서 가르쳤기 때문입니다. 지금도 목회자들은 하나님의 말씀 위에 여기저기서 주워들은 세상의 지식을 얹어서 말씀을 전합니다. 그러니 그렇게 인간의 교훈을 듣는 자들의 마음에 생명의 역사가 일어날 수 없습니다.

그런데 예수님은 누구입니까? "**말씀이 육신이 되어 우리 가운데 거하시매 우리가 그 영광을 보니 아버지의 독생자의 영광이요 은혜와 진리가 충만하더라**"(요 1:14). 예수님은 육신을 입고 오신 성자(聖子) 하나님입니다. 그분은 말씀 자체가 사람이 되어 오신 영광의 하나님입니다. 영이신 하나님께서 친히 우리에게 오셔서 당신의 아버지께서 해 주신 말씀을 전파하셨기 때문에, 그의 말씀은 살았고 운동력(運動力)이 있으며 권세가 있었습니다. 우리가 말씀을 대할 때에, "이 말씀은 살아 계신 하나님의 말씀이다"라는 믿음으로 말씀을 읽고 듣는 것이 옳습니다. 예수님은 하나님입니다. 그의 말씀은 참되고 능력 있고 생명과 축복을 우리에게 가져다 줍니다.

주님은 오늘도 여전히 기록된 성경으로 우리에게 말씀을 들려주시니 우리의 마음이 얼마나 좋습니까? 우리가 말씀을 펴서 읽기만 하면, 우리는 살아 계신 주님의 음성으로 하나님의 말씀을 듣게 됩니다. 하나님의 말씀을 살아 계신 주님의 음성으로 듣는 자는 복이 있습니다.

할렐루야!

말씀을 마쳤습니다.

마태복음 강해 설교집
모든 의를 이루신 예수 그리스도 I

2017년 10월 25일 초판 인쇄

Copyright © 2017 by Uijedang Press
All rights reserved. No part of this publication may be reproduced, distributed, or transmitted in any form or by any means, without the prior written permission of the publisher.

발행처　도서출판 의제당
주소　　제주특별자치도 제주시 계명길 10 (외도일동) 2층

홈페이지　www.born-again.co.kr
　　　　　의제당.kr
블로그　　pilgrim1952.blog.me
문의　　　uijedang@naver.com

Author　Samuel J. Kim
Editor　Tim J. Kim
Cover Art / Illustrator　Leah J. Kim

ISBN　979-11-87235-31-6　04230
ISBN　979-11-87235-30-9 (세트)

가격　10,000 원